森文庫

井村雅代
writing　松瀬学

あなたが変わるまで、わたしはあきらめない

努力する心の育て方

光文社

あなたが変わるまで、わたしはあきらめない

《目次》

1章　絶対、今よりよくなる　31

2章　努力する心の才能を育てる　51

4章 迷ったら、初心に戻りなさい

7章　異国でのコーチング

8章　言いたいことは我慢しない

9章 一晩の勝負

10章 本気で叱る

11章 コーチを育てる 243

12章　子供に損をさせてませんか？……265

はじめに　二〇一二年五月三日

再び勝負の時がやってきた。

あの熱闘の北京五輪から四年が経《た》つ。シンクロナイズドスイミング、いやスポーツ界の名指導者のひとり、井村雅代。中国代表ヘッドコーチとして臨む夏のロンドン五輪が八度目のオリンピックとなる。

年齢は還暦を超えた。少しはおだやかになったかと思いきや、勝負にかける執念はまったく変わらない。いつだって率直、真剣。情熱を秘めた「静」。からだから覇気があふれる。

黄金週間。カリスマ指導者は東京辰巳国際水泳場にいた。ジャパンオープンを兼ねた日本選手権だった。自身が運営する一般社団法人「井村シンクロナイズドスイミングクラブ」の選手たちの演技を見ていたのである。

圧倒的な存在感。本質をえぐる言動。「オーラが変わりませんね」と声をかければ、ふっと笑顔をうかべた。

「えっ。日本嫌いのオーラですか？」

いえいえ。「上手にさせてみせる」「勝たせる」という勝負師特有のオーラである。戸惑うこちらの反応を楽しみながら、まずは日本代表の話題となった。日本は四月の五輪最終予選（ロンドン）で何とかデュエット、チームの五輪切符をとった。とくにチームはぎりぎりの差だった。

井村もロンドンに行っていた。五輪切符が決まった瞬間、正直、ホッとしたという。

「これで、日本の子どもたちの夢がつながった、と思いました。だって、チームで八人がオリンピックに行くのと、デュエットで二人しか行かれへんのとは違うでしょ。二人だけなら、エリートでしょ。子どもたちみんな、やめちゃうもの。オリンピック一回抜けたら、（次の出場まで）たぶん十年は我慢しないといけなくなる」

井村が話しだすと、おそるおそる記者が集まってくる。このとき、ロンドン五輪開幕まで二カ月半。混迷していた日本のデュエットのメンバー確定の遅れに触れると、「ありえない」とぴしゃりと言った。

「早く決断しないといけない。早く二人のワールドをつくる。戦いというのは迷ったら負けるのです」

オリンピックはギャンブルや

井村は子どもや選手たちを心配しながら、自身も「世界一」をひたすら追い続ける。四年前の北京五輪では、中国にチーム種目で同国初の銅メダルをもたらした。今度は「躍進中国」の勢いに乗って金メダルを狙う。

「オリンピックはギャンブルや、ギャンブル」

井村がいたずらっぽく笑う。もちろん練習や準備、計算があってこそのギャンブルであろう。

「勝負にはいろんなやり方があると思いますけど、今回は着実に、ということではなく、一発で完成させたものでびっくりさせてやろうと思っています。その戦い方がいいと信じています。こう思ったら、いくしかない」

初もののルーティンで審判を驚かし、高評価をもらう。これはシンクロ界の常識では「異例」であろう。通常なら、新しい振り付けを審判に刷り込んでいった上で順当な評価を期待する。なぜ本番まで隠すのか？

「他の国が見たら、それをヒントにバージョンアップして出してくるじゃないですか」

そういえば、二〇〇〇年シドニー五輪、急成長の日本のチームは、テクニカル・ルーティンで『空手』を演じた。だが、事前の国際大会で日本からヒントを得たロシアは、デュエットで和太鼓を曲に織り交ぜて空手っぽい動きを採り入れていた。デュエットはチームより先に競技があるため、日本のインパクトを薄めようという作戦だったのだ。結果、ロシアがデュエットもチームも金メダル、日本は僅差で銀メダルにとどまった。たしか、二〇〇一年世界選手権（福岡）でも似たようなことがあった。

さて、中国は昨年（二〇一一年）の世界水泳選手権（上海）では、デュエット、チームとも銀メダルを獲得した。間違いなく、競技力は上昇気流にある。さらには国際社会での国力の動きも追い風となっている。勝負師はそう、読む。

「スポーツだけでなく、経済とかいろんな面でも中国は変わっている。世界は突如とした中国の大変身を認めるはずなんです。そんなことをする国だよな、という中国に対する認識があると勝手に思い込んでいる。よっし、それに乗ったろうと思っています」

指導者たるもの、そうやって社会の変化や時代の風を感じとる力がなければならない。

「だから、わたし、よく言うんです。〝現状を感じない人と、先を読めない人はリーダーになるな〟って」

コーチとは選手を目的地まで連れていく人

日本の水泳界に衝撃が走ったのは、二〇一〇年夏だった。井村が再び、中国代表を指導することになったからだった。

井村が事情を説明する。北京五輪後、日本に戻り、井村シンクロクラブで若手を教えていた。条件が合えば、日本代表再建のサポートもやぶさかではなかった。日本水泳連盟としても、当初は井村の力を借りる方針だった。だが、コーチという立場の考え方にギャップがあった。コーチの若返りを図りたい水連としては、合宿など舞台裏での支援、すなわち「国内支援コーチ」のオファーにとどめた。

井村のコーチ哲学は明快である。練習の技術指導だけでなく、本番直前の選手の気持ちの作り方もコーチの仕事。「さあ、行ってこい」とからだをたたいて送りだすまでがコーチだ、という。

「コーチってなんだか知っていますか?」

井村はそう、問いかけた。コーチの語源は馬車である。カバンのブランド、「コーチ」と概念は一緒なのだと言葉を加えた。つまりは、どこまでも選手と一緒なのだ。

「コーチとは、選手をゴール、目的地まで連れていく人なんです。わたしはコーチをしたいんや。選手を怒鳴り散らして、上手にして、空港で〝はい、さよなら〟なんてできません。コーチとは最後まで選手の面倒をみる。死ぬんやったら死ぬところまでいく。だから合宿で強くあたれるし、本気であたれるのです」

両者の言い分は平行線のままだった。ちょうどその頃、その時を待っていたかのように、中国から復帰を熱望された。

銅メダルは失敗やねん!

熱意に押され、井村は中国に渡ることになった。九月のワールドカップ(W杯＝中国・常熟《チャンシュー》)と十一月の広州アジア大会までの臨時指導のつもりだった。短期間の指導で中国選手のサビを落とし、常熟W杯で二位に食い込み、広州アジア大会では全種目で圧勝させた。

帰国の際、中国水連会長から聞かれた。「次はいつ、来てくれるのですか?」と。

「〝さよなら〟や〝ご苦労さん〟と違うんですよ。〝今度はいつ、来てくれる?〟ですから。それで、シンクロ委員長をつかまえて、〝毎日、ちゃんと井村さんにお願いのメールを送り続けなさい〟って命令するのですから」

シビアだけれど、根っこは義理人情の人である。翌年の二〇一一年二月、ついに根負けして中国に渡った。

中国代表を見て、驚いた。中心の双子の姉妹、蔣文文《しょうぶんぶん》、婷婷《ていてい》の二人は、ナショナルチームでの練習を拒否し、自分のクラブで練習をしていた。チーム全体が緊張感に欠けていた。変な話だけれど、あまりの落差に怒りがこみ上げ、逆に生来の指導者魂に火がついた。

井村は蔣姉妹に代わる若手を探し、強化を始めた。それが「丈夫で長持ち」と冗談口調で表現する、主将の劉鷗《りゅうおう》と黄雪辰《こうせつしん》のデュエットペアである。

「パワーがあって、練習が徹底的にできる選手じゃなかったら、わたしが責任を持って、彼女たちをいい成績に導いてやることができないのです」

井村の背骨を貫いているのは「鍛練あるのみ」である。勝利への「執念」である。最後は、自分たちがどれほどの練習を積み重ねてきたかで勝負が決まるのである。

猛練習が始まった。それまでの土日の連休などどこかに吹き飛んだ。毎日、八～十時間の中身の濃いトレーニングが続く。水中でビデオ撮影してはプールサイドに選手を呼んで、こまかく指示を出していく。体重のコントロールのために食事の取り方の指導も始めた。

井村は覚悟を決めた。コーチとして、ロンドン五輪まで中国代表を連れていく、と。復帰当初、全体ミーティングで井村はまず宣言し、中国人コーチ、選手たちの心を揺さぶった。明確な目標提示である。

「わたしは前よりいい成績をとるために来た。それは金メダルであり、銀メダルや。あんたたち、覚えときや。銅メダルは成功とは違う。銅メダルは失敗やねん！」

コーチは駄馬でも名馬にする

目標が高くなれば、当然、練習の内容も変わってくる。井村は断言する。

「北京オリンピックを目指していたときと、練習の中身の濃さが全然、ちがう」

自信の裏付けは実績である。二〇〇〇年シドニー五輪、二〇〇四年アテネ五輪、連続デュエット銀メダルの立花美哉《みや》、武田美保らの名選手を数多く育ててきた。素材のせいにしたことは、まずない。

「こんなん言ったら失礼やけど、選手はほとんど、もともとは悪いですよ。すべてがそろった選手なんていない。選手が失敗したら、ことしの選手はあまり質がよくなかった、と言うコーチがたまにいる。よう言うわって、素材なんて毎年、よくないんやって、それが基本です。そんなん言うの、コーチやない。コーチは駄馬でも名馬にするもんや」

例えば、中国の若手の劉鷗と黄雪辰は、パーフェクトな選手ではない。サイズがあるけど、粗さも目立った。日本から中国に戻ると、技術の精度がかなり落ちていた。

「みんな、〝私に課題をたくさんくれてありがとう〟というくらい下手になっていました」

猛練習でからだの中心軸やバランスを取り戻させ、技術を磨いていく。手足の指の先まで魂を込めさせる。ロンドン五輪を目指すチームの中には、北京五輪代表の五人も残っている。井村が妥協をしないことも、練習で譲歩しないのも知られているから、北京前と比べるとずいぶん円滑に指導できた。

選手の出身省の高官やコーチからの圧力がたまにあるものの、どの選手にも公平に対応した。だから、そう波風は立たなかった。

ちなみに劉鷗は広東省の広州、黄雪辰が上海出身。デュエット一番手の座を外されかけた蔣姉妹は四川省出身である。

「中国はナショナルチームではなくて、省の代表の集まりだから、省同士の駆け引きもあるんです。でも私は関係ない。勝つことがすべてに優先する。とにかく選手を見て、強くなったら、その人を必ず、省に関係なく、代表メンバーに採用するのです」

二〇一一年七月の世界水泳選手権(上海)では、チームでテクニカル・ルーティン、フリー・ルーティン、いずれも銀メダルだった。一位がロシア、三位スペイン、四位カナダ、日本は五位だった。

デュエットでは、劉鷗、黄雪辰のペアがテクニカル・ルーティンで銀メダル、蔣姉妹ペアがフリー・ルーティンで銀メダルをそれぞれ獲得した。こちらも日本ペアは五位だった。

井村は、蔣姉妹が世界で有名だからフリーに出場させるチャンスを与えたわけだが、大会後、四川省のコーチに言われた。「なぜウチの選手を両方に使わなかったのか」と。

愛想笑いをうかべ、心中、思った。「私を怨みなさい、あんた」と。気にしない。

四年間の変化を問われると、井村は少しはにかんだ。

「笑われるかもしれないけど、前より周りのことが気にならなくなりました。前からそうじゃないかと言われそうだけど、もっともっと気にならなくなりました」

さらに続ける。

「非常に自分がグローバルな人になった気がする。不思議なもので、ジャパンのジャンパーを脱いだら、シンクロの試合に行くと、みんな話しかけてくれるんです。何なんやろう。どこでも生きていけるようになってきた」

指導する際、口から中国語も出るようになった。通訳をおくとタイミングがずれるため練習中は通訳を置かず、選手には直接話す。他の種目のフィジカルトレーナーの米国人と話すと、

「英語の中に時々、中国語が交じっていることに気づく。そう英語と中国語。まあ、腹が立ったら、日本語で〝ダメー！〟〝バラバラ！〟とか言っています。結構、通じています」

躍進中国。新しさとホンモノで勝負

さてロンドン五輪である。

前回五輪は中国選手の持ち味をめいっぱい生かして、チームで銅メダルを獲得した。井村はぼそっと漏らす。

「ホンモノにならないと」

井村は七転八倒しながらも、「井村流」を貫き、やがて真理をつかまえた。プライド、自信は揺るがない。

「こんどはホンモノにならないといけない。外見だけでなく、中身もホンモノに。きれいな脚とかそんなんだけなら、銅メダルまで。（上を狙うなら）技術もホンモノにならないと。長いきれいな脚に技術がちゃんと加わったとき、上のものが狙えるんです」

中身の濃いルーティンを泳ごうとしているから、当然、選手たちの心身の疲労も大きくなる。

「そりゃ、選手たちは大変ですよ。でも、その大変なのを最後まで泳がす練習も大変、こっちも大変です」

ときどき、上海のプールで合宿を張る。五輪本番の試合用と同じ大きさのプールがあるからである。シンクロ専用のプールで、陸上動作を行うステージも備え付けられている。

個人練習では、腹筋の弱い選手には腹筋運動を多くさせる。体脂肪の多い選手は特別メニューで脂肪を落とさせる。柔軟性のない選手、インナーマッスルの弱い選手、バランスの悪い選手は別個に補強のメニューを与える。

「なんかこの子、バランスがおかしいな、と思ったら、古傷が治ってなくて足首がぐらぐらだったんです。もちろん、ちゃんと治させて、補強訓練させました」

井村は、井村シンクロクラブの選手のけがを見逃していた日本のコーチ陣をどやしつけたことがある。コーチは選手の状態を細かく観察する責務があるからだ。それが井村の持論。

「コーチはね、選手の人生を預かっている。九人をロンドンに連れていくのなら、九人の人生を預かってるねん。日の丸も大事だけど、選手の人生の方が大事なんです」

ところで、場の空気に影響を受けるシンクロにとって、プール会場の特徴は大事である。北京五輪のシンクロ会場はとにかく大きかった。ではロンドンは？

「たいしたことない。普通のプールですね。すごく観客席が高い。でも、別に驚くことはない」

井村は、本番会場をプールサイドから観客席の隅々までゆっくり歩いてみた。演技がどう見えるか。どう見せるか。

「ただ今回、違うなと思ったのは、審判員の頭が観客の邪魔にならないよう、審判台を低くして、プールサイドと審判席の間の距離を長くとっている」

何が言いたいのか。ナゾかけみたいである。審判台が低くなり、下がったということは？

「高さが見えるということなの」

つまり、演技で高さを出す方が有利になるということだ。その場の研究をする。場を読む。勝負事の鉄則だろう。

「研究する。とことん研究する。何が違うんやろうと思って」

ロンドン五輪では、どんなルーティンで勝負をかけるのか。北京五輪では「中国らしさ」を追求した。当然のことながら、内容はヒミツ。でも知りたい。

「北京は、全部あの子らの持っている資質で勝負したけれど、今回はプラス、ホンモノの技術で、新しいことをしようと思っています。〝うわっ。新しい〟って、皆がハッと驚くものをやります」

ハッと驚くといえば、足技、リフトであろうか。なぜなら井村は、ラスベガスの「シルク・ド・ソレイユ」のサーカス学校から、アクロバティックの先生を招請している。新技を隠しておいて、本番で出すのは勇気がいる。指導者として、怖さもあろう。

「だから、迷った挙句のこと。マネされたらイヤというのがあるから。でも、（勝負になるという）裏付けはあります。それは去年（二〇一一年）の世界選手権の二番（銀メダル）と、世界の人は中国の大変身を絶対に認めるやろうという確信です。スポーツだけでなく、すべてにおいて躍進している中国だから」

オリンピックの厳しさを知らんままでいくのもいいかな

井村は、五輪の厳しさも怖さも熟知している。でも中国選手はそうではない。厳しさを知らないから、ときにおおらかにも見える。おかしそうに言う。

「もうオリンピックの厳しさを知らんままでいくのもいいかな、って。腹立って、厳しさをわからしたろか、とも思ったけど、いや待てよ、何もわからないまま、終わったら北京より上のメダルがとれていた、というのもいいかなって」

選手の本番までの持っていき方が変われば、「声かけ」も変わってくる。叱るのではなく、できるだけ持ち上げて、おだてて乗せて、その気にさせる。

実は井村が心底、驚いたことがある。ことし（二〇一二年）三月のこと。猛練習をしていたら、デュエットの選手に言われた。「先生、オリンピックは八月なのに、こんな早くから一生懸命、練習しすぎですよ」と。

二〇一一年の世界選手権の時は三カ月前からの猛練習で銀メダルをとったから、まだ本気にならなくて大丈夫です。デュエットより、チームを先に仕上げてください、とも。

「何甘いこと言ってんの、と怒るのは簡単だったけど、そこはやっぱり年の功やね。いやいや、こいつら大物かなって。世界選手権もオリンピックも一緒と思っている。なら最後までそう思っていてもらいましょうか」

ロンドン五輪後は

一番、知りたいことが、ロンドン五輪後の去就である。中国のヘッドコーチを続けるのか、日本に戻ってくるのか、どこか他の国のコーチに転じるのか。

五輪後は？

「考えていない」

そうくると予想していた。ただロンドン五輪で中国がさらに躍進し、日本がメダルなしで終わったなら、日本シンクロ界に「井村待望論」が噴き出すのではあるまいか。

「いや。国民から出ても、水泳連盟の中からは出てこないでしょ」

しつこく聞く。そうは言っても、水連からオファーがあれば。

「そりゃ、コーチを頼まれればしますよ。やっぱり日本が強くあってほしいと願っていますから。じゃなかったら、自分のクラブ（井村シンクロ）だって閉めてますもん」

最後に夢を。

井村はふっと笑った。気のせいか、目が星形の夢見る夢子ちゃんの顔みたいだった。

「オーロラを見に行くこと」

北極圏かアラスカか。漆黒の闇に降り注ぐオーロラの束に目を凝らす。宇宙の銀河系の「シンフォニー」に耳を澄ます。

そこは「井村ワールド」。夢もシンクロの世界も無限である。ロンドン五輪。どんな井村ワールドがひろがるのだろう。

1章――――

絶対、
今よりよくなる

ひとりひとりが、何ができるか考えよう

井村雅代は泣いた。北京五輪まで三カ月となった二〇〇八年五月十二日のことだった。中国中西部に位置する四川省汶川《ぶんせん》県でマグニチュード8・0の「四川大地震」が発生したからだ。死者・行方不明者八万七千人。北京五輪に出場する中国シンクロナイズドスイミングチームの九人のうち、双子の姉妹、蔣文文《しょうぶんぶん》、婷婷《ていてい》と王娜《おうな》の三人が四川省成都の出身だった。

地震は午後二時二十八分頃に起こりました。わたしたちが練習を終えて帰ってきたら食堂のテレビがついていました。そうしたら蔣姉妹のお姉さんの文文がトレイを持ったまま固まってしまった。テレビには地震の悲惨な様子が映し出され、文文も婷婷もうわーっと泣き出したんです。

もうひとり、同郷の王娜もいて、三人ともテレビに釘付けで、よくこれだけ涙が出るなあ、と思うくらい泣きました。わたしたちにはかける言葉もありません。

蔣姉妹のお母さんが逃げる途中にけがをされたのですが、大したことはなかった。だ

けどガラスが割れ、家はひびだらけになったそうです。王娜の家もガラスが全部割れただけで、ご家族は大丈夫だった。でも自分の故郷の様子を見たときは、心が張り裂けんばかりですよ。

蔣姉妹と

その夜、心配で食事も喉を通らず一睡もできなかった文文は、一晩で体重を二キロも減らしてしまいました。

もう練習できる雰囲気じゃない。空気が動かないというか、中国のコーチたちも選手も声をかけることができない。四川省の子たちの心の痛みはわかるけれど、だれも声をかけられないんです。

だから翌日の朝の練習前、プールサイドでストレッチをしていた四川省の三人を呼んで、話をしました。

彼女たちにまず伝えたかったのは、人間ってフツーの生活のときはフツーのありがたさを感じていないけれど、ひどい不幸なものを見たときには、そのフッーを罪のように思ってしまう。でも、そうじゃないってこと。

そのときは、「ひとりひとりが何ができるかを考えよう」と言いました。「自分を責めるのはダメでしょう。責めて何もしないのはダメでしょう。あなたたちにはあなたたちにしかできないことがあるんだから。普段通りに生活をできる自分を責めないで、あなたたちにしかできないことをやりましょう」と言いました。

故郷は家も壊れ、朝ごはんも食べられず、寝るところもない状態です。町中、ムチャクチャになっている。でも、平和に暮らせる自分を責めるんじゃなく、自分にしかできないことは何なのかを考えてほしいと思ったんです。

四川の人々には今笑いはないでしょう。でもあなたたちには明るい話題を届けることができる。普段通りにできることはフツーにして、北京オリンピックでがんばろうって。あなたたちのがんばりが故郷の人々を元気づける一番の方法だって。

「希望は絶対、捨てるな。絶対、今よりよくなる」と、本心から信じています。

どんなえらい人でもひとりの人間であることが大事

わたしもあの子たちに話しながら泣いていました。人間だから、悲しかったら泣くし、感情がこみ上げてきたら泣くんです。それでいい。みんなひとりの人間でいいと思うんですよ。どんなえらい人でもひとりの人間であることが大事だと思うんです。

なぜなら、人間は感情を持っているから。悲しかったら泣くし、うれしかったら笑うし、腹が立ったら怒るんです。

あの子たちはもちろん泣いています。わたしもポロポロ涙を流しながら、自分の体験を彼女たちに伝えてあげないといけないと思って、一生懸命話しました。あなたがたは朝起きたとき、自分たちを責めているでしょう……。そう言った瞬間、わたしも通訳も彼女たちも、またワーッと大泣きしてしまった。

あんたたちの悲しみはすべてわかる。だって、わたしも阪神・淡路大震災の経験者だからって。わたしは、震災の現場を見たから、どんなものかわかりますもの。あのとき町には、スカートの子やヒールを履いている子、お化粧をしている子はいなかった。

道の両側の家やビルが倒れて、道がふさがれて通れない。一カ月経っても、崩れた家は手つかずで、壁がぐちゃぐちゃになっているのに、生活のにおいがする。それが生々しくてつらかった。

思ったら、行動せなアカン

一九九五年一月十七日午前五時四十七分、井村は大阪府大阪狭山市の自宅で阪神・淡路大震災に遭遇した。淡路島北部を震源として発生したマグニチュード7・3の地震は、淡路島や阪神間を中心に大きな被害をもたらした。死者六千四百人、負傷者四万三千人にのぼった。

からだが何度もベッドで浮き、「何よ、これ!」という自分の声で目が覚めたんです。映画の『エクソシスト』のワンシーンみたいにぐらぐらとベッドが揺れました。テレビをつけたら、高速道路が横になっている。かつてのサンフランシスコの地震の映像が映っていると思ったら、阪神高速道路だった。

わたしの住んでいた大阪府南東部の狭山もひどく揺れました。家の中の東西のものは全部落ちました。ガラスの物も全部、割れちゃった。

その頃、わたしたちは神戸のプールで練習していました。海上自衛隊の阪神基地隊の五十メートルプールをお借りしていたんです。そのプールが完全につぶれてしまった。

その光景を、絶対に選手たちにも見せようと思い、二月にみんなで行きました。駅からの道にはまだ家が倒れていて、ご飯を食べに行ったお店もつぶれていました。建物の二階が一階になっている。選手たちも唖然としていましたね。

プールに着いたら、プールの基礎のコンクリートがむきだしになっていました。まわりが地震で地盤沈下していたんです。這《は》い上がらないとプールまで行けない、ひどい状態でした。

もうひとつ、阪神基地隊の方々を激励したいという目的もありました。お花を持って行ったところ、基地隊の人たちはすごく喜んでくださいました。復興のため、仮設のお風呂を造ったり、倒れた建物を撤去したり、いろんなことをやってくれていて、みんな髪伸び放題、髭伸び放題の状態でした。自分たちを応援してくれている人たちが大変な状況にあったら、絶対に激励せなアカンと思って、陣中見舞いに行ったんです。

最初はおじゃまかなと心配していたんですけれど、自分たちの思いは伝えないとアカンと思いました。こんなことしたら、相手に迷惑をかけるかもしれないと不安になるときがあります。でも思ったら、行動したらいいんですよ。

わたしたちにとって、プールは神聖な場所です。つぶれたプールを見て、みんな泣きました。わたしも涙が出てきました。

プールに張ってあったコースロープがふたつに分かれてたるんでいる。もちろん水は全部出てしまっている。梁《はり》が半分にバキッと折れて、何の役にも立っていない。その光景が、すっごく、生々しかったんです。

持っていった花は、ピンクの鉢植えでした。

そうそう。立花美哉（日本を代表するシンクロ選手。三度にわたるオリンピックで計五個のメダルを獲得。二〇〇四年に現役引退。現在井村シンクロクラブコーチ）はその日がマンツーマンのバレエのレッスンの日だったんです。プールに行けないので、自分の家に咲いている花を小さな花束にしてチームメイトに預けていました。紫色の花だったかな。

今でも忘れません。そのチームメイトの子が、紫のちっちゃい花束を壊れたプールのスタート台のところにちょこんと置いたんですよ。ひどく壊れたプールのスタート台の上にきれいな花がある。感動的でした。テレビドラマのワンシーンみたいだった。それを見て、またみんなで泣きました。

地震はいろんなことがありますよ。阪神基地隊の人たちが一生懸命働いていた光景は忘れられない。髪の毛、髭をぼさぼさにして働く姿はカッコいいなと思いましたね。

じゃまになるかもしれないと思ったけれど、プールに行ってよかった。日頃、お世話になったプールがあって、応援してくれている人が苦しんでいたら、やっぱりがんばれと直接言いたいでしょ。思っているだけではアカン。行動せな、ダメなんです。

人間は、素直に心を表現すればいい

九五年はアトランタ五輪の一年前だった。五輪予選を兼ねたＦＩＮＡ（国際水泳連盟）ワールドカップに向けたプログラムの曲づくりをしていた大沢みずほさんは、被災地、西宮に住んでいた。

大沢先生に曲をつくってもらい、それを井村シンクロクラブのメンバーで作品にして、ナショナルチームでFINAカップに持っていく計画でした。

最初にお願いした曲のイメージは、金の屏風に春のサクラなど日本の華やかさが描かれているような絵巻物でした。テーマは「雅《みやび》」です。

ところが、先生が西宮で曲をつくっている最中に地震が起こったんです。地震直後に先生に電話をしたら、奇跡的に通じました。「先生、大丈夫ですか！」と聞いたら、「大丈夫やけど家の中はぐちゃぐちゃや」と言う。その後、電話は通じなくなりました。

被災地の様子は、本当に苦しいこと、悲しいことばかりで、「雅」とか楽しいことを創造するのは無理です。でも先生は使命感で曲をつくってくださった。聞いてみたら、先生の根性が詰まっている。〝わたしは絶対負けないわ〟という感じでした。まるで星《ほし》飛雄馬《ひゅうま》みたいな……。

最初は「これちがうよ」と思いました。しばらくして先生から電話があり、「もう曲を書けない」と言う。私は「先生の今の気持ちをそのまま曲にしてください。先生なら必ずできます」と話しました。

それでできあがった曲が『HOPE』です。ちゃっきり節をアレンジして、突然、雷が鳴って天災が起こる。暗いところからスタートして、一歩ずつよくなっていくというストーリーの曲です。

幸せのなかで突然、地震が起こった。でも、人には復活していく気持ちがある。街もどんどん復興していく。絶対、今よりもよくなる。

FINAワールドカップのときは、みんな『HOPE』のプログラムに涙を流してくれました。

人間は、何をやってもそのまま出るんだから、素直に心を表現すればいいんだと思いました。人間、ウソはつけないんです。

そして、物事は、今よりも絶対によくなっていく。阪神・淡路大震災ではそんなことを学びました。

文句を言っているうちは、まだ余力がある

阪神・淡路大震災のときは、地震から三日後に練習を再開しました。大阪のプールを借りることができたからです。水深一メートル五十センチの二十五メートルプールだったけれど、水は大丈夫でした。

練習後、シャワーを浴びていたとき、ある選手が「被災地の人たちは家もお風呂もないのに、わたしたちはこんなあったかいシャワーをいっぱい浴びていていいんだろうか」と言い出した。「アカン。(井村)先生、練習やめてボランティアに行こう。練習している場合じゃない」って。

わたしにも迷いが生まれて、結局、被災地に行くか、練習をするか、保護者会の人に相談したんです。そうしたらあるお母さんが言いました。「みんなの活躍がわたしたちの一番の励みなんです。さあ練習してください」って。「地震でプールを失っても、試合には関係ない。プールを失って練習環境が大変だといっても試合でいい点は出してくれない。先生たちは練習を続けてください。わたしたち保護者がみんなの気持ちを受けて、被災地の人々のため、何でもしますから」って。

それで、みんなで義捐金《ぎえんきん》を集めました。お正月のあとだから、みんなお年玉をもらっていたんです。うちには子どもがいなくて、犬がポチ袋でお年玉をもらっていたから、あんたも寄付しなさいって、義捐金にもらいました。それを保護者会の人に頼んで、神戸の人のために必要な物資を買って届けてもらいました。

人間って本当に苦しかったら、文句を言わない、弱音も吐かない。なぜかと言うと、口に出したら、自分が崩れてしまうから。だから黙ってやる。文句を言っているうちはまだまだその人は余力があると思うもん。

地震のあと、わたしたちコーチも、選手も、選手の保護者も、神戸のプールがないから、日本中のプールに行きました。全国に行ったら、電車代もかかる。大変です。でもだれも文句を言わず、どこそこに練習に行くと言ったら、そこへの合宿費を出してくれた。コーチも文句を言わず、やってくれた。本当に苦しかったら、言っても解決しないことは言わないものなの。

結局、阪神・淡路大震災のとき、わたしたち、意地になって日本選手権で優勝したんです。あのとき、プロ野球のオリックスの「がんばろう神戸」で、どれだけの人が元気になったか。ほんと、あの「がんばろう」の字を見て、がんばろうと思った人は数え切れないくらいいいたと思います。

がんばれば、時間が解決してくれる

四川大地震に話を戻そう。井村は阪神・淡路大震災のことを中国選手たちに伝え、故郷の人たちに明るい話題を届けようと涙ながらに力説したのだった。自分を責めず、自分にしかできないことを全力でやろう、と。

あの子たちの心中は手にとるようにわかりました。ここにいることが罪やと思って、本当は四川省に帰ると言いたかったのでしょう。でも、わたしは故郷に帰ることは、正しいこととは思わなかった。

「あなたたちができること、あなたたちにしかできないこと、それは故郷の人たちに笑顔やうれしい話題を届けることだって。中国チームがオリンピックでいい成績をとってごらん。あのチームの中にわたしたちの四川省の出身の子もいるんだって喜んでくれるでしょう。だから、がんばろう。あなたたちはできる、がんばろう」と言いました。それで、練習を再開したのです。

四川大地震から二日後の五月十四日、国家体育総局の主催した義捐金募金活動に井村も参加した。

総局の国家訓練所に住んでいるコーチや選手五百人が、義捐金に協力しました。金額はどうでもいいんです。自分たちが出せる範囲のお金を募金しました。

わたしは、中国のマスコミからインタビューされて、「外国人なのに寄付をしてくれてありがとう」と言われました。「四川で被災された方にメッセージはありますか」と聞かれたので、そのとき、口から出たのが、「絶対に今よりよくなる」でした。もちろん本心でした。

たぶん、被災地の方は思っています。これ以上の不幸はない、これからよくなるなんて考えられないって。でも絶対にそんなことはない。絶対によくなる。

人間って、どん底や不幸がいつまでも続くはずがない。阪神・淡路大震災を通して、そう思いましたし、いつもそう思っています。

だれにでも、最悪のことはあります。わたしも、中国のヘッドコーチに行くときはボロクソに言われました。でも一生、言われ続けるわけはない。バッシングされて終わるわけはないんです。

わたしが大切にしている言葉に「時間が解決してくれる」というのがあります。時間が人の心を癒し、時間が悪い状況を変えてくれる。時間に頼りすぎることはよくないけれど、時間がよくしてくれることもある。少しずつ、少しずつ、絶対よくなっていく。そう信じてますもん。

今が底だと思えばいいの。もちろん、それ以上の底にならないように自分でがんばる必要はありますよ。ただ座って、時間が解決するのを待つのはダメです。自分にしかできないことをひとつひとつやれば、絶対、よくなるんです。

ひとつずつ進めば、いずれ頂上にたどり着く

これは、どんなことでも同じだと思います。例えば、選手が全然うまくならないときがあります。そういうとき、なんでうまくならないんだろうと悩みます。でも今日はひとつだけ、何かを上手にして帰ろうと思うんです。そしたら、いつかうまくなるんです。

家が片づかなくて途方に暮れるときってありますよね。どうしたらいいか、パニックみたいになる。どうしよう、どうしようって。そういうときは、何も考えないで、何かをひとつ、動かします。ひとつだけ片づけようって。そうすれば、いつかきれいになります。スローテンポかもしれないけれど、自分がよくなる方向に動いていたら、必ず、今よりよくなるんです。

要は、ダメなときにどう考えるかですね。自分が山のどのあたりにいるのか――五合目にいるのか、登山口にいるのか――わからないときってあるじゃないですか。そういうときは、頂上を探す。その頂上に向かってひとつだけ進めば、いつかは頂上にたどり着くんです。

中国の選手を教えたときも、一緒でしたよ。

最初に彼女たちを見たとき、足は長くてきれいで、「絵になるな」と思った。そんな選手をコーチして、プールというキャンバスにシンクロの絵を描いてみたいと思うのは、コーチのサガです。それまでは小さい日本の子の短所を長所にするような指導をしてきたけれど、そうではなく、長所を長所として、ポンと演技に出せる。チャンスがあるならコーチしてみたかった、というのは事実です。

だけど、中国に行ってびっくりしました。練習しようと張り切っていたら、彼女たちに筋肉がないから練習できないんです。わたしは一日に十時間でも十二時間でも十四時間でもやってやるぞと思っていたけど、やったらこわれてしまう。「さあ、どうしよう」ですよ。もう一歩ずつやるしかない。とにかく一日一日、からだに筋肉をつけよう。筋肉がついたら、練習しようと思ったんです。

四川大地震から一週間後、中国全土で被災者のために三分間の黙禱《もくとう》が捧げられた。シンクロの選手たちはまた、一緒になって落ち込んだ。地震の被害をいろいろと知ってしまったからだった。井村は三人ではなく、チーム全員を集めた。

黙禱のあと、午後の練習の前にプールサイドでストレッチを始めました。ところが、地震から一週間経つと、四川省出身の三人だけでなく、他の選手も練習ができる雰囲気ではなくなりました。中国人のコーチたちも何にもできない。そこで、最初に三人に対して言ったことを、十人全員に言いました。「ひとりひとりが何ができるかを考えよう。チームで何ができるか考えよう」って。

自分は何をすればいいのかを考えて、行動すること、それが大事なんです。みんながやるからじゃなく、自分はどうするか考える。小さな行動でも、自分なら何ができるのかって。

ひとりひとり、義捐金を寄付したし、蔣姉妹は震災から数日後に、知り合いの人が田舎に帰るときに、おばあちゃんへのテントを北京で買って預けた。

あと、みんなができることといえば、北京オリンピックでいい成績を残すこと。そうしたら、被災地の人たちは、わたしたちのシンクロチームが初めてメダルをとったよ、いい成績を収めたよってきっと喜んでくれる。あのチームの中には故郷の四川省の子もいるんだよって、きっと笑顔が戻る。そんな明るい話題を提供できる人になろう。これはあなたたちにしかできないことだよ、と言ったら、みんなわかったと言ってくれました。

じつは彼女たちは、故郷が地震にあっても帰れないんです。地震があったからといって、オリンピック選手が被災地に帰るとは言えない。わたしは、そういう中国のシステムを知っていましたから、あの子たちに何かしてあげられることはないかと考えただけです。

故郷が震災にあって、心配と不安でいっぱいの彼女たちにしてあげられることは何なのか。それは自分の体験を伝えることでした。体験したことのない人間に、地震の大変さは想像できないと思います。

四川省の三人の選手には、今は故郷に戻れないけれど、せめて気持ちだけでも故郷に届けてほしい。沈んだ気分に浸っている四川の方たちに希望と自信をもたらしてほしい、と言いました。おのおのが今のポジションで一生懸命にがんばること。それこそが、四川の人々にとって何よりも力強い応援になるはずだって。

2章———

努力する
心の才能を育てる

スポーツのゴールはよい人間をつくること

井村にとって、最悪のときのひとつが愛弟子、奥野史子《おくのふみこ》との別離である。一九九四（平成六）年、井村が指導する奥野はローマの世界選手権のソロで銀メダルに輝く。そのときのプログラム『夜叉の舞』はおどろおどろしい女の情念を演じたもので、それまでの常識を覆す「笑わないシンクロ」として好評を博した。芸術点では、史上初の十点満点をマーク。井村と奥野の執念ともいえる作品だった。

井村は奥野を小学生時代から育て上げてきた。ところが、世界の頂点が見えた瞬間、次は金メダルと思った矢先、当時二十二歳の奥野は引退を決意する。唐突な愛弟子の決意に井村は驚いた。指導者として悩み、途方に暮れた。なぜ、ここでやめるのか……。

奥野はのちに陸上の朝原宣治《あさはらのぶはる》と結婚する。夫をサポートし、朝原の二〇〇八年北京五輪の陸上四百メートルリレーの銅メダルを後押しする。二〇〇四年アテネ五輪のあと、引退を考える夫に「とことんやったらええ」とアドバイスもしたという。

奥野の引退について初めてしゃべります。時間が解決したこともあるし、彼女が「ボロボロになるまでやったらええ」と、朝原君の背中を押したからです。「それはわたしがあなたに言った言葉でしょ」と、わたしは言いたい。あのときは現役を続けることに対して、絶対、ノーと言ったけれど、やはり彼女は後悔しているのがわかった。そのことを仲間に漏らしているのを、聞いてもいました。ご主人に対しては、自分の選手生活の締め方を通じて、改めて考えることがあったのでしょう。「ボロボロになるまでやったらええ」というのは、自分の引退の仕方とは逆なんです。

彼女は、もっとやれば絶対に頂上に届くと思っていました。もっといいプログラムを創りたいとも思っていました。でも突然、「やめます」と言われたんです。何のために今まで一緒にがんばってきたのか、ずいぶん悩みました。

わたしは、あの子にはご主人のようなやめ方をしてもらいたかった。だから、あのときはびっくりしました。わたしの育て方は正しかったのだろうかと悩みました。

シンクロのコーチのやりがいは、オリンピックの舞台じゃない。オリンピックのメダルじゃない。スポーツの指導者のゴールは、よい人間をつくることなんです。

多くの人は「スポーツのコーチのゴールはオリンピックのメダルや」と言うけれど、そうじゃない。スポーツのゴールは、よい人間をつくることなの。

コーチは、手塩にかけて育てた選手が、人間として許せないとき、自分がやってきたことを否定します。わたしのやり方は正しかったのかと、自分を責めます。これほど悲しいことはありません。

選手はやめたあとの人生のほうが長い。その選手がスポーツをしているときに何を学んだのかは、そのあと〝ここ〟に出るんです。

勝負師に徹しないと、教育者としての理屈が通らない

井村は〝ここ〟と言いながら、右手で自分の胸を押さえた。指導者を「勝負師」と「教育者」に分けたら、人は井村を勝負師という。でもじつは教育者なのである。勝負師の仮面をつけた教育者である。

もちろんわたしは勝負師です。でもたぶん、肝は教育者でもあると思うんです。ただ勝負師に徹して選手を勝たさないと、わたしの理屈が通らない。選手に教えている教育

者としての理論が通らないの。

なぜかというと、例えば、わたしは「人に限界はない」「あなたができんのは努力が足りないからや」「あなたは絶対できる」などと言います。「自分では努力しているはずやと言うけれど、本当に努力していたら、もっとうまくなるはずや」「できんのは努力が足りないからや、だからもっと努力をしなさい」などと言うわけです。

できなかったら、才能がないとか、シンクロに向いてないじゃなく、努力が足りないからや、と言うんです。わたしは、努力できる能力のことを〝心の才能〟と言っています。

才能は才能でも、いろんな才能がある。脚が長いとか、やわらかいとか、音感がいいとか、いろいろあるけれど、一番大切なのは心の才能です。

何かをやろうとして、うまくいかないときがある。そんなとき、才能がないとか、向いていないとか、嘆く選手がいる。それはちがう。努力が足りないんだから、もっと努力しよう、と単純に考えて行動に移さなくてはならない。それが心の才能です。だから心の才能が一番大切だって言うんです。

わたしは教育者として心の才能を伸ばします。すると、だんだん勝つようになるんですよ。逆にいえば、勝負師として選手を勝たせんかったら、教育者としての理論が通らなくなるんです。だから絶対勝たせたい。「人間は理屈をこねずにやればうまくなる。だから自分の才能を信じなさい」と言いながら、選手が負けていたら、わたしの理屈が成立しないじゃないですか。

つまりは勝負を通して教育を論じているのである。生きるとは何か、勝つとは何か、進化するとは何か、と。

話を戻すと、だから、奥野がやめたときはがっくりきました。周りの人たちからは「奥野は奥野の考え方で決断したわけだから、仕方ない」と慰められました。「今が一番いいときだからやめるべきじゃないよ、もうちょっとやらないともったいなさすぎるよ」とも言ってくれたけれど、ダメでしたね。

ほとんどの子が、彼女みたいになりたくてもなれないわけです。世界の頂点が見えていたんです。だから、「フーちゃん（奥野）、やめたらもったいないよ」とみんなが言ったんです。クラブの選手たちも、ダンスを教えていた先生も、みんな、彼女をどれだけ説得したか。でも彼女はポンと離れた。決心は変わりませんでした。周りの人たちは「先生のせいじゃない」と慰めてくれました。でも、わたしは自分を責めました。

そこで、わたしはもう一回、奥野と同じように選手を育てようと決めたんです。それでまた同じように選手がやめたら、そのときはシンクロコーチをやめようと決心しました。もう一回、世界で戦う選手を育ててみよう。そして、もし同じような選手がふたり、三人と出てきたら、わたしの育て方が原因ということになる。自分の方針を変えるんじゃなくて、もう一回同じことをやってみようと思ったんです。世界で戦う選手を、もう一回一生懸命つくってみようって。

ピント外れの一生懸命は意味がない

奥野が抜けた穴は大きかった。立花美哉、武田美保（シドニー・アテネ五輪の銀メダリスト。二〇〇四年に引退）らで奮闘したが、一九九五年のワールドカップ（アトランタ）は、ソロもデュエットもチームもメダルに届かなかった。

奥野がやめたあと、日本はメダルに全然届きませんでした。それまで、エースは全部奥野でしたから。一九九六年のアトランタオリンピックを目指してナショナルチームを指導していたとき、わたしはコーチをやめたくなりました。うまくならないからですよ。選手はみんな一生懸命でしたけれど、ピント外れの一生懸命は何の役にも立たない。もう思い切りずれていたの。

あのときは（日本ヘッドコーチの）金子（正子《まさこ》）さんと、真剣にけんかしました。「井村さんは優しすぎる。手を出してでもあの子たちを動かさなければダメよ」と言われて、「わたしのことを何だと思っているんですか。選手をたたくのがわたしのコーチングと思っているんですか」と言い返しました。それまでまったく手を出さなかったわけではないですけれど……。

あのときの選手は、わたしが怒ったら「申し訳ございません」と謝る素直な子ばかりです。それでまたやり直すんですけれど、全然うまくならない。「あんたたち、日本語で言ってダメなら、何語で言ったら言うこと聞いてくれるの」とよく言いましたよ。

練習のない日はあの子たちに会いたくなかった。もう本当に下手でした。わたしが言った通りに動かないし、選手としての能力もあまり高くなかったんです。

試合の風をつかむ、風を起こす

一九九六年アトランタ五輪では、チーム種目だけが実施された。日本はすべて初出場の選手だった。テクニカル・ルーティン（あらかじめ決められた技を取り入れて行う演技）ではプログラム『忍者』を演じ、ロシアを抑え、米国、カナダに次ぐ銅メダルを獲得した。

アトランタ五輪のときは、テクニカルとフリーのどちらもぐちゃぐちゃでした。一生懸命なだけで、怒られたら小さくなる選手たちには、ふたつは無理だったんです。

わたしは、テクニカルに勝負をかけようと思いました。それで『忍者』をやったんです。じつはわたし自身の評価では、あのときのテクニカルはカナダにも負けていません。

『忍者』で銅メダルを獲得したアトランタ五輪（共同）

二番です。だけどフリーではロシアにも負けて四番です。でも、銅メダルをとった。

なぜか？　試合で勝つ風をつかむために、最初のテクニカルとフリーの両方はできない。勝たなアカンから、ひとつに絞ったんです。

シンクロは採点競技です。だから試合日程をすごく大事にしています。負けていても逆転できる強い意志の選手が多い、あるいは最初に負けたら立ち上がれない選手が多いなど、そのときのチームの性格をつかみ、競技日程と照らし合わせて勝負をかけるんです。

中国のヘッドコーチとして臨んだ二〇〇七年三月のメルボルン世界選手権もそうだった。

デュエット、チームとも四位に躍進させた。中国シンクロ史上最高の順位だった。

あのときは「中国は一年半後の北京五輪でメダルをとるよ」という兆しを残して帰らないといけないと思っていました。まだわたしが中国に指導に行ったばかりのときで、選手には筋肉がついていない。筋肉がないから練習ができない。だからお愛想笑《あいそ》いと「ありがとう」とあいさつを教え込んだ。

なぜそんなことをしたのかというと、新しい風を起こしたかったからです。「日本から新しいコーチが来たらチームが明るくなったよ」って。明るいイコール元気があるということです。「ほんと、中国は勢いのあるチームになったよね。可能性を秘めた感じがするよね」という印象を残したかった。

だから、練習着も明るいものに変えました。最初、スタッフに「練習着は？」と聞いたら、「これが練習着です」と言うから、「そんな黒っぽいのはダメ。色のある練習着を用意しなさい」と、オレンジとブルーの二色の練習着を準備させました。

シンクロで勝つためには、人間であるジャッジから点数をとらないといけない。ならば、どんなときに点数をくれるのかを考えるしかない。陰気くさいチームには点を出さないよ、始まるときにオーラがないチームには点を出さないよ、とか。そうやって、どうしたら勝てるのか、ずっと考えているんです。

一番は、その大会の一等賞にすぎない

最悪の時から最良の時へ。ゼロからスタートした井村は妥協を許さず、立花、武田にも猛練習を課した。二〇〇〇年シドニー五輪で銀メダル、そして地元福岡で開かれた二〇〇一年の世界選手権では、ついにデュエットで金メダルに輝いた。とくに斬新なルーティンの『パントマイム』の演技で、日本の地元ファンを沸かせた。

世界一になって思ったことは、世界一強い人を中心に世界は回るということです。福岡の世界選手権のときは、練習用のサブプールが福岡空港の近くにありました。世界選手権はどこも必死だから、試合のウォームアップではプールが満員になるんです。このとき、立花、武田は、テクニカルがロシアと同点、フリー・ルーティンの予選で

ロシアよりちょっと前に出てトップに立ちました。

予選が終わったあと、練習用のサブプールに行ったら、やはりほぼ満員でした。ひとつのレーンにちょっとだけ空いているところがあったので、立花、武田をそこに入れたんです。ハッと気がついたら、そのレーンから他の選手がいなくなっていました。みんな、一番のペアの練習をじゃましたらいけないと、どいてくれたのです。

立花、武田組でシドニー五輪デュエット銀メダル（共同）

結局、一番になったら、その人たちを中心にすべてが回り始めるんです。トレーナーを務めていた白木（仁《ひとし》）先生のところに行って、こんなジョークを言いました。関係者の方からは怒られるかもしれないけれど、「先生、日本の車がベンツになりましたよ」って。ベンツは修理費が高いので、他の車が避けるじゃないですか。それと一緒です。

一番になる前は、一番になったらさぞ気持ちいいだろうと思っていたけれど、実際に一番になって思ったのは、その大会の一等賞にすぎないということです。次の日から新たな戦いが始まっているんです。たしかに表彰されているときは一番だけど、次の日はもう戦いが始まる。ロシアは、二番のままで終わらない、勝負をかけてくるだろうと思いましたね。

2001年の世界選手権（福岡）では優勝（共同）

花で散らんでよろし

奥野の件は残念でした。でも、本人は後悔していたからこそ、ご主人にはボロボロになるまでやってほしいと思ったんでしょ。

わたしがあの子に言ったのは、花で散るなんてどうでもいいということ。

物事を始めるのは簡単なんです。フィギュアスケートを始める、シンクロを始めるというのは、別に難しいことではありません。

でも、一生に一度のものの終わり方というのは、すごく大切です。花のままで散らんでもよろし。自分が選手として納得するまでやりなさい。花で散って喜ぶのは、その瞬間のマスコミだけやって。

奥野にも、「きれいな言葉でまとめてくれるのはマスコミだけや」とずっと言っていました。「花で散るな。行くところまで行って、〝選手生活悔いなし〟までやりなさい」って。悔いなしというのはどういうことかというと、自分の体力にも能力にも挑戦する気力にも悔いが残らないということです。ぎりぎりまで行ったら、そういうふうに思えるんです。

無様な格好を見せるなら、花のときに散ったほうがいいという美学もわかります。わたしが花で散らんでよろし、と思うようになったのは、アメリカのシンクロの雑誌を読んでからです。そこには、わたしの選手時代に泳いでいたアメリカ選手の記事が載っていました。

彼女はわたしより年上で、長いことシンクロを続けました。ソロでの最高順位が国内三番で、次の年は四番、次の年は五番、その次は八番にも入れなかった。最後は決勝にも残れなかった。そこで彼女は納得したということでした。

それを読んで、彼女のやめ方こそ、選手としての締め方なんだ、周りの人がどう思おうと、素晴らしい幕の引き方なんだと思ったんです。

自分が納得することが一番です。人の目なんてどうでもええ。どっちに転んでも、人は何か言うんですから。

自分の選手時代のことをいえば、わたしは日本選手権でチームの優勝を自分のクラブに戻すことが目標でした。それを達成するまでは絶対にやめないと思い、結局、チームで再び優勝するまでがんばりました。

この話は、立花までの時代の選手にはしたことがあるかもしれない。「あなたたちはオリンピックのメダルを目指してやっている。あなたたちと比べたら、目標は大きくちがったけれど、わたしは自分の選手としての幕引きに悔いはない」と。

強い人間はオーラがすごい

井村は常々言う。シンクロは最後には臨場感の世界の勝負になる、と。審判とて人間である。その感情の動きを意識し、演技の動きの余韻にまで気を配る。目つき、指先、心の動き――。これはすべての採点競技に共通する。

二〇〇八年冬。大阪のなみはやドーム。井村はシンクロの練習前、日本一の大阪府立淀川工業高校吹奏楽部の練習をのぞいた。吹奏楽部の名指導者、丸谷明夫に請《こ》われ、感想を言うことになった。「当てはまってないかもわからへんけど」と切り出すと、丸谷が「当てはまっている」と突っ込んだ。

井村の感想は面白かった。百数十人の高校生が直立不動で聞く。

「パッと立ったときに、ヨドコウ（淀工）はちがうという雰囲気を出さなアカンのね。やりだしてから、ヨドコウと思わせたらアカン。立ったとき、ちょっとちがうぞって。みんな、その他大勢に紛れたらアカン。自分ひとりが見られていると思ってスタート地点に立たなアカン。だれかがその他大勢になっているから、演奏しているうちにうまいやん、やっぱヨドコウは上手やな、となるの。それでは遅い。最初にボーンときてほしい。それが何かわからんけど。パッと走ってくるときも、ここらへんの空気がワーッと動かなアカンのね。ひとりひとりがメッセージを届けようと思って、エネルギーを出せば、押し寄せるものがあるな、と思いました。でも、みんな相変わらず、上手でした。

ありがと」

　わたしはシンクロのコーチです。選手を勝たせたい、上手にしたいと思っています。それは技術を上達させるというより、人間を進化させるということです。進化した選手は大会で点数が上がっていく。そういう進化した強い選手は、オーラがすごいんです。ビデオを見て、ビジュアルで調整している間はレベルが低い。立花、武田が上手になってから、口で言っても直らないから、ビデオを見せてわからせようと思ったことがあります。でも演技後、ビデオを見ても、わたしの感じたちがいが全然、映ってない。わたしが何を嫌がっていたかというと、彼女たちの発するオーラのちがいだったんです。オーラとか、気配のちがいを嫌がっていたけれど、それはビデオには映らない。ビデオの欠点ですね。

　世界一を争うというのは、その目に見えない部分の競い合いなんです。だからビデオを見て、ビジュアル的にゆがんでいるよ、角度がちがうよって直している間は、まだ、すごくレベルの低い段階なんです。レベルが高くなったらオーラの競い合いになります。オーラには色もないし形もない。でもそれを感じるのが人間なんです。例えば、大女優さんが歩いてきたら、後光が差している。売れている役者さんってキラキラしていますよね。でも、自分のなかに何か引っかかるものがあったら、くすんで見える。これはだれもが感じることなんです。それがあるかないかを判断して、ない選手はあるようにするんです。

感動する人間じゃないと、人を感動させることはできない

オーラをつくる上で、まず大切にしているのは、感動する人間をつくろうということです。感動する人間をつくらないと、人を感動させることはできません。感動するというのは、心が動くことです。心が動かない人間にオーラは生まれない。だから心が伸縮するというか、ふわふわしている人間に育てたいと思っています。

その方法としては、オーラがあるところに選手を連れて行きます。例えば、歌舞伎の役者が一人で舞う場面を見せたり、スペインに遠征したときは、ロマ（ジプシー）のスパニッシュダンスに連れていったりしました。選手たちは最初、圧倒されます。でも続

けていくなかで何かを吸収していくんですね。

シンクロでは、立った瞬間にオーラがなかったら、世界の審判員はいい点をつけてくれません。立ち姿ひとつでも、中から発するものがあり、それが得点につながるんです。もちろん、視線や手の動きなどのテクニックも教えます。

もうひとつ大切なのは、その子が自分のことをカッコいいと思わないといけない。「自分ってきれいでしょ、カッコいいでしょ」って。そう思うことで、人間には中から出てくるものがあるんです。だから、逆に、薄っぺらな人とか心があったかくない人とかは、すぐにわかってしまうから怖い。そんな目に見えないものを感じるのが人間なんです。もう理屈抜きです。「幸運もオーラも、元気そうな人についてくるよ」と選手には教えます。

運も実力の内って、よく言いますよね。運も相手を選んで来る。押しつぶされそうな人のところに幸運は行かないものなんです。

自分が前向きなら、前向きなものが見える。下を向いていたら、下にあるものしか見えない。自分の中に引きこもっていたら、そこしか見えないんです。いいことを求めるなら、前を向かないとダメ。どっちを向いても同じなら、前を向いて、何かが来るほうに向かうべきです。下を向いていたら解決になりません。中国で指導しているときも「泣いたって解決にはならへん。そんなんで強くはならへん。泣くのは時間のムダや。疲れるだけや」と、選手には言いました。

無駄なことはどんどん捨てていく

「笑う門には福来る《きた》」という言葉もありますよね。神様だって、変な人にはつきたくないと思うんです。幸運だって生き物だから、ついてよさそうな人につくものでしょ。幸運がつきまくる人って、不運に執着してないと思うんです。

だれにもよくないことはあります。でも、つきまくる人って、それが無駄やと思ったら、排除する能力があるんやと思う。だれにでも幸運、不運はあるでしょ。問題はラッキーに執着しているか、不運に執着しているかじゃないでしょうか。不運は考えていても無駄やと思ったら、蓄積せずに捨ててしまえばいいんです。

わたしも無駄なことはどんどん捨てていきます。そしてよくなる方法しか考えない。

不運なときは、これはどん底や、スタート地点やと思って、今よりも一歩前に出る方法を考えるようにします。人はラッキーのかたまり、不運のかたまりという言い方をするけど、それはちがうと思う。その抱きかかえ方がちがうだけなんです。

よく居酒屋などで会社の愚痴をこぼす人がいますよね。そんなん、ぐちゃぐちゃ言ってても解決にならないって。そんなに上司が気に入らなかったら、本人に言ったらって思います。ぐちゃぐちゃ言うなら、言わないほうがましだって。時間の無駄。悶々としてぐるぐる回っているだけや。陰口は大嫌いです。何の役にも立たん。

最初高い点数から減点されていったほうがいい

ヨドコウ（淀川工業高校）の吹奏楽やシンクロなんかの採点競技は、十点満点から始まって、減点されていったほうがいいんです。低い点数から上がっていくより、十点から下がっていったほうが点数が高くなる。「最初、立ったときは十点だったけど、ちょっと下手やから〇・一点減点しよ」という場合と、「立ったときにはなんかわからへんから四点からスタート。上手やからどんどん点数を上げていこう」という場合を比べたら、上から下がっていくほうが点数は上になる。

だから、採点競技は、最初が肝心というよりも、スタートに立ったときの期待感が非常に大事なんです。例えば、初対面の人と会ったとき、この人はやってくれそうだと感じるのと、この人は大丈夫かな、というのはえらいちがいやね。

選手は、自分はこの部分なら十点がとれると思うことが大事です。全体としては下手な子でも、水に浮くところだけなら十点の演技ができるというなら、そこで十点をとればよろし。そこだけ満点でも役には立たないと思うのは間違っとる。立ったときは十点とる。遠慮せずに満点をとる。期待感を相手に持たせることが大事なんです。

演技は、根本的に楽しくなかったらダメ

北京五輪で中国チームは、デュエットでメダルを逃したあと、次のチーム競技で、最初に行われるテクニカル・ルーティンの『カンフー』で流れを変えた。陸上動作で颯爽《さっそう》

とカンフーポーズを決め、地元のスタンドを味方につけた。あれでメダルをたぐりよせた。

それは、日本チームが二〇〇〇年シドニー五輪で演じた伝説的なテクニカル・ルーティン『空手』を彷彿させた。井村はその国ならではの魅力を五輪という舞台で最大限に発揮させるのだった。


カンフーは、わたしが中国では外国人だったからこその発想です。難しくなかった。中国に行ったら何をしたいか、何を見たいかを考えれば簡単です。万里の長城、天安門広場、中華料理、北京ダック……。雑技団も見たい、京劇も見たい。

実際の中国は、すごくたくさん高層ビルが立っています。でも、そのビル街や裏通りを歩きたいとはあまり思わないでしょ。中国のすごさって、やはり万里の長城に代表される、スケールの大きさですよね。雑技にしても、中国ならではのものだから見たくなる。

演技について、わたしは根本的には楽しくなかったらダメだと考えています。哲学に接するわけじゃない。シンクロを見たあとに、エネルギーが出た、スーッとした、そん

『空手』を彷彿させた北京五輪の『カンフー』（共同）

な感じを残さないとアカンと思う。スポーツは明るいエネルギーが出るようにやってほしい。それがわたしの思うスポーツの原点です。「人間の可能性ってすごい」というようなポジティブで明るいものが最後の印象として残らないとダメです。だから、歴史やスケールの大きさもいいけれど、哲学的な難しい部分に入るのはダメやと思ったんです。中国の人が誇りに思えて、外国人からもステキと思われる中国を感じさせたいと。そういったら雑技でしょ。カンフーでしょ。

『カンフー』のときも、（シドニー五輪の）『空手』のときみたいに、専門家の先生に指導に来てもらいました。『空手』のときと一緒で、中国の人たちが見たときに、変だなと思われるものにはしたくなかったからです。だから、演技の中のカンフーのポーズは、すべて本物のポーズです。先生には、延べ日数にしたら、二、三週間は来てもらいましたね。すごく上手な先生でした。

視線で審判を征服する

わたしは、先生が来られたときに、プールサイドの審判の位置を伝えました。そして、最初の陸上動作では、八人の選手の視線の半分で審判の半分をとらえさせてくれ、もう半分の視線で残りの審判をとらえさせてくれ、と頼みました。半分は右側、半分は左側の審判をくわっと見る。何秒間かの陸上動作のポーズで、ひとりひとりのジャッジを征服していく。だから目の使い方をすごく教えましたよ。

そういえば、流し目を見せるために、立花、武田をよく舞台に連れていきました。最後のフィナーレで、花道を通っていくときの目です。舞台の杉さん（杉良太郎）だって、こう立って、観客を見て歩く。目力でファンをひとりずつ増やしているんです。『カンフー』も同じでした。

ただ、半分ずつだと会場が分散してしまう。真ん中が〝カスカス〟になる。だから真ん中の子だけは、真ん中を見つめさせました。

会場の空気をつかむ

わたしは空気が気になります。上手な選手やチームの演技は、プールを全部征服するんです。プール全体の空間を征服したら勝ちます。

シドニー五輪もアテネ五輪も、国内合宿は大阪門真《かどま》市のなみはやドームで行いましたが、そこはプールの天井の高さが四十四メートルもあります。そんな大きな空間のプールはオリンピック会場にはない。シドニー五輪のとき、本番の会場に行ったら、選手たちは何と言ったと思います。「このプール小さいですね」って。その瞬間、「ヤッター」と思いました。この子らは会場に飲まれることはないぞってね。

シドニー五輪で銀メダルに輝いた『空手』（共同）

シドニー五輪では、日本はデュエット、チームで銀メダルに輝く。優勝のロシアにあと一歩と迫った。とくにテクニカル・ルーティンの『空手』では、陸上動作のおじぎポーズで場の空気をつかんだ。

今は陸上動作でポーズするまで三十秒というルールがあるけれど、『空手』のときは制限がありませんでした。それで、静止の笛を吹かれる前にもうひとつ征服させたろ、と思って、おじぎをさせたんです。笛が鳴る前に、その場を牛耳《ぎゅうじ》ってやろうという作戦です。あのときはそれがうまくいきました。

中国でも、同じような作戦だったんですが、そういうことがわからない子もいます。でも、わからないままで片づけてはダメです。そういうときは「わかろうとしてごらん」と指導します。想像力を使いなさい、ということですね。「想像してごらん。絶対にわかるようになるから」って。

勝負の世界では、場を征服することがすごく大事やと思います。

目に見えないものを大切にする

わたしがシンクロを指導している頃、立花、武田が上にいくまでは、世界で三番、四番が多かったんです。一番、二番はアメリカ、カナダでした。

練習会場でも、アメリカやカナダの選手が通ると、みんながパッと見るんです。わたしはずっと、わたしたちの選手がプールサイドを歩いたときに、周りがみんな見るような選手にしたいと思っていました。それができたのが、一九九八年のパース（豪州）の世界選手権です。

その世界選手権では立花、武田ペアは銀メダルを獲得する。

試合前の練習で、立花と武田が歩いていったら、ほかの選手がワーッと見るんです。おっ、これはちょっとやったかなと思いました。そのとき、ふたりにはオーラがあった、風格があったんですよ。

全部、目に見えない話ですけれども、それを大切にする。ジャッジを見ながら、何でもかまへんからメッセージを送りなさいって言います。自分はこれを伝えたいんやというところで期待感を持たせる。その期待感を出すのは、熱意というか、思いでしょうね。もちろん中身がないとばれますよ。大阪弁で〝カスカス〟というやつです。リボンのかかった立派な箱やのに、中には何も入ってないという感じですね。

3章――――

教育は
一回一回が
勝負だから楽しい

ノウハウの引き出しをたくさん持っていることが大事

井村雅代は天理大学卒業後、大阪府の公立中学校の保健体育の教員となった。七年間、シンクロコーチと教員の「二足のわらじ」を履いている。その教員時代の経験が指導にプラスとなっている。

一九九六年から二〇〇八年までは、大阪府教育委員会委員を務めた。教育現場への思いは強い。

なぜ教育が楽しいかというと、一回一回が勝負だからです。前例など何の役にも立たない。教育に限らず、人に携わる仕事で「絶対」はないですね。だって人間相手の仕事には正解はないでしょう。そういう考えは、自らの経験のなかで得たものです。

今の先生はノイローゼになったり、いろんな問題にぶつかったりしている。親も悩んでいる。でも、子どもは人間です。数学みたいな正解を言おうとするのは間違いです。逆に、正解がどれもあてはまらないから、悩んでしまうんです。

そりゃそうです。人間に、こういう事態のときにはこういうことを言いなさいという正解はない。たとえ問題が一緒でも、人間がちがったら、日がちがったら、同じではない。同じ子どもに対しても、昨日の言葉はあてはまらない。子どもは一日何かを経験したら、変わってしまう。この間は、この言葉で子どもをちゃんと動かせたからって、同じことを言っても、無理、無理、絶対に無理や。

シンクロの基本技でリフトがあります。「脚をまっすぐ上げろ」という指示も、立花に対してか、武田に対してかで、言い方がちがいます。そして、今日の立花に「こうしなさい」と言っても、明日はちがう言い方をしないといけない。

なぜかというと、今日の経験の上で明日の立花がいるからです。変わっているから、進化しているから。ひょっとしたらやる気をなくしているかもしれない。同じ人間でもちがうわけです。

シンクロの指導で人間に接するというのは、その子をよくしてやろう、いいレベルに連れていってやろうという思いだけが一緒で、どういうアドバイスをしたらいいかというのは日々変わるんです。逆に、こうなったらこう言おうと思っていると、それが通じなくてパニックになる。

先生も親も、自分の言葉が通じない、理解されていないと自信をなくすんですね。だけど子どもにはこう言えばいい、こう注意したほうがいい、なんて「絶対」はない。いろいろな状況があるわけですから、ノウハウの引き出しをたくさん持っていることが大事なんです。

相手によって、言葉を変える

北京オリンピックでは、最初のデュエットのテクニカル・ルーティンで、中国の蔣姉妹が失敗しました。もしあれが立花、武田だったら、ボロクソに怒っていたと思います。「このままではあなたたちは日本に帰れない。だからチームでは意地でもいい演技を見せなさい」と言ったと思います。

でも、蔣姉妹に対しては、デュエットが終わったあと、手をパチンとたたいただけでした。彼女らが、わたしのところに来て、「わたしをたたいてください」と手を出したからです。そして、「もう終わったことはいい」と言いました。

蔣姉妹と、立花、武田は全然ちがいます。立花、武田なら踏ん張れる。「このままでは終われない、自分自身も許せない」と思ってくれるから。でも、蒋姉妹は引きずるタイプだった。だから、終わったことをいくら考えても元には戻らないから、「あなたたちが力を出せる場はデュエットのフリーもあるし、チーム競技もあるから、この話はもうやめよ」と言ったんです。

もし、蒋姉妹を叱っていたら、チームの演技でも怖がって何か間違いをしていたと思います。失敗したらダメだ、失敗したらダメだと考えすぎてね。窮地に強い人と強くない人がいるんです。

相手によって、言葉を変える。正解がないというのは、すごく大事なことです。研修会や講習会で、よく「正解を求めて参加しないでほしい」と言うんです。引き出しや参考資料をたくさん増やすためならいいんですけれど、正解を求めてくる人が多いんです。でも、それはちがう。人間を相手にすることは、いつも試行錯誤、応用問題だから面白いの。

引き出しを増やすには、いろんな話を聞いたり、いろんな経験をしたりすることです。ありがたいのは、コーチや学校の先生は、失敗しても経験、成功しても経験になることですね。全部自分の肥やしになる。人間だもの、時には失敗もする。それは植木鉢のなかの肥料にすればよろし。逆に成功したら、階段にすればいい。階段にして上っていきなさい。どっちに転んでも、タネをまいた人間にとっては、経験としてプラスになるんです。

教え子を実験台にしたらダメ

でも難しいのは、選手にはその時しかないということです。学校なら、生徒には〝今〟しかない。だから、「あの先生にめぐり会ってよかった」と思わせてやらんとアカンのです。「あの先生が担任だったから、人生が台無しになった」なんてナシです。いくら経験になるといっても、教え子を実験台にしたらダメなんです。

では、どうすればいいのか？　それは、自分の持っているノウハウを結集して、その子のことを考えて接するしかない。わたしは、結構頭ごなしに指導しているように見られるけれど、じつは押したり引いたりしているんです。逃げ道をつくってやらなアカン子と、逃げ道がいらん子がいるわけですから。

追い詰めてしまっていると気がついたら、パッと救いの手を差し出さないとダメです。追い詰めて、がんじがらめにして、その子をダメにしてしまったら、どうすんの。ほら、いるでしょ。子どもにかけている自分にほれ込んでしまって、酔っている指導者が。つまり、本気になっても、その気になってはアカンということですね。

先生でも教え子に刃物で刺されることがある。親でも子どもに殴られることがある。この子のため、この子のため、とやっているうちに自分に酔ってしまっている。自分の使命感に酔っているわけです。でも、どこかに冷静な自分がいないとダメなんです。本気になってもその気になるな、ですよ。自分に酔うなって。

帰る子に「帰れ」というのは、指導者がダメ

子どもを追い詰めているときは、追い詰めたという気配が、絶対にあるはずなんです。追い詰めているかなと思ったら、揺さぶるような問いかけが必要です。で、思ったほど追い詰めていなかったら、もっと追い詰めればいい。

「練習が嫌だったら帰れ」と、指導者はよく言いますよね。でも本当に帰ってしまったら、帰るような子に「帰れ」と言った指導者が悪い。よく観察すれば、帰るかどうかはわかるはずです。子どもが本当に帰って、慌てる指導者がいるけれど、帰る子に「帰れ」というのがダメやって。「すみません、次はちゃんとしますから」という子に言わないと。

家庭内で、子どもが親を殺すような悲惨な事件があります。結局、親が子どもを追い詰めたことに気づいていないのでしょう。子どもに苦しいことを課すのが親の使命と思い込んで、子どもをひとりの人間として扱わず、自分の所有物にしてしまう。たしかに親にすれば自分の産んだ子ですが、ひとりの人間として尊重しなくてはいけません。両親とも、そうなっていたら危ない。

子どもは、絶対何かのサインを出しています。親が気づいていないのなら、さぼっているとしか思えません。

中国の練習でも、同じようなことはたくさんありました。この子は追い詰めてもいいと思ったら、何時間でもトレーニングにつき合いました。

わたしはそういうとき「選手に試されている」と思うんです。同時に「中国のコーチにも試されている」って。本当にわたしがあの子をできるようにしてあげられるのか、試されている。「この先生はあの子が変わるまで譲らないだろう」と思わせたら、すごいことじゃないですか。

「子どものくせに大人を試して」とは思いません。前に立つ人は、みんな試されなければいけない。試されて怒るのはダメです。先生も親も試されればいい。ダメなら、その度量がないということです。

みんな、わたしのコーチ力を試している。わたしの粘りを試している。わたしのありとあらゆるところを見ている。それでやり遂げられれば、次からだんだん指導がやりやすくなっていくんです。

嫌なものは嫌とはっきり言う

井村は中国でも自分の指導スタイルを貫き通した。時間厳守もそのひとつである。

わたしは、指導者はわかりやすくあるべきだと思います。つかみにくい人はダメです。よくわからないけれど、なんか偉そうにしている人っていますよね。わたしは「これは嫌、これは絶対許しません」とはっきり言います。「わたしと一緒に気持ちよく練習するためには、これを守ってください」って。逆に、どうでもいいことは「勝手にしてや」と言います。とにかく、心に悶々と抱えているのが嫌なんです。

日本で教えていたやり方を中国に持っていっても、そのままでは当てはまりません。生活習慣など、ありとあらゆるものがちがいますから。ただ時間については「日本流」を通しました。

中国に行って最初の頃のランドドリル（陸上練習）で、選手たちが開始時間に十分くらい遅れてきた。わたしはそれが許せなくて、怒鳴りまくりました。

すると、通訳が、選手やコーチに遠慮して「わたしのせいだ。わたしの通訳が悪くて、みんなが遅れてきた」と謝る。「ちがう。あなたのせいじゃない。わたしが『八時』って言ったら、みんなは『八時五分前』に来なさい」。そう英語でまくしたてました。それを英語ができるリーダーの子が、必死で訳していました。

「わたしは選手が時間に遅れるのは絶対、嫌なの」と言いました。「日本では選手がコーチを待たすのはダメなんだ。中国では許されるの？　なんでわたしがあなたたちを待ってるの？」って。

そうしたら、英語を中国語に訳していた子が、「中国でも時間を守らないのはダメです」と言いました。

人間ってすごいと思うのは、気持ちが通じるということです。国なんて関係ない。言葉ではなく、大事なのは〝思い〟なんです。人間と人間のつき合いというのは、結局こういうことだと思うんです。

嫌われることを恐れない

人と会うのが怖いという人がいます。そんな〝人間アレルギー〟みたいな人が増えていますよね。そういう人の根底には、「嫌われたらどうしよう」「変な人やと思われたらどうしよう」という不安が働いていると思うのね。

でも、そんなのどうでもいいやん。嫌いなら嫌いでもいいやん。わたしは、自分がこういう人間だというのを前面に出します。人間同士で妙な探り合いをしているから、今の世の中、つき合いにくいんです。

わたしは、みんなから愛されたいとはちっとも思わない。嫌われるのを怖がるのは間違っています。本音をズバッと言ったから嫌われるかというと、必ずしもそうではないでしょ。探り合いのつき合いが、一番しんどい。ほんと、探り合いのつき合いの人が多すぎる。不思議です。

親子の関係も同じです。「何を探り合ってんの」と言いたくなる。自分が産んだ子やん。本音を言えばいいのよ、「それはダメ」「それは嫌い」って。

わたしは、変に気を使うのも嫌いです。言うてることと、本音がちがう人って大嫌いや。わたしは中国に行ったとき、言葉が通じないから、よけいにわかりやすいコーチでありたいと思いました。だから、はっきり言ったんです。「選手が時間に遅れるのは嫌いなの」って。

わかりやすい指導者であることを心がける

最初の頃の練習では、中国の子たちは、一回止まる度にずーっと息をしていました。だから、「お願いだから、注意を聞いたら、すぐに水に潜ってくれる」と言いました。「一回ごとにプールサイドに戻ってこんでよろし。わたしが見ていなくても何回も続けてやってくれる。練習してくれる。そのうち身につくから」って。

わたしは、ちがうほうを向きながら、他の選手の演技を見ながら、蔣姉妹の婷婷に、「婷婷、こうこうよ」と注意したりしていました。そうしないと、たくさんの選手の練習を見られないからです。だから、「わたしが見ていても見ていなくても、どんどん何回もやらないと身につかないよ」と、きっぱりと言いました。

はっきり言うのは、もちろん勇気がいります。でも、わたしが何も言わないでいて、選手とぶつかってから初めて「先生にとってはこれが嫌なんだ」となるよりも、「わたしはこうしてほしい」「わたしは嫌なんだ」と言うほうが、早くうまくいくと思います。

朝も、あいさつしてくれんかったら嫌だから、バスに乗ったときにこちらから必ず「おはよう」と言う。こちらが「おはよう」と言えば、向こうも「おはよう」と返してきます。もし選手があいさつしてくれへんかったら、「返事は?」と聞きます。「わたし、返事をしてもらわへんかったら、すごく不安になるのよね。返事してね、わたしには」と言います。

人間同士のつき合いには、全部ルールがありますよね。人が嫌がること、イエス、ノーがある。だから、わたしはそれをちゃんとわかってもらえる、わかりやすい指導者であることを心がけています。何も言わない、なんか得体の知れない人を、偉い指導者やと思っている人もいてはるけど、そんなのダメや。

一日は二十四時間しかない

わたしは中国でほんと、やりたいようにやりました。あとから考えたら、選手やコーチたちは大変だったと思います。

でも中国の水泳連盟会長とか、シンクロ委員長とか、中国体育総局の人たちとか、みんなバックアップを約束してくれていた。「あなたはヘッドコーチなんだから、あなたが決めなさい。わたしたちはあなたを支えます」って。どんなもめ事があっても、最後に言われたことは「わたしは、あなたを全面的にサポートします」でした。

昼寝のことでももめました。わたしが行くまで、選手は最低二時間、昼寝していたそうです。昼寝をとれる時間があるならいいですよ。例えば、練習の開始一時間前に起きて、パッと冴えた頭で練習に出てきてくれるならいいけれど、実際は頭は寝たままですから、最初の練習は寝ぼけてできない。目が覚めるまで待っていたら、練習時間はどんどん少なくなる。

一日は二十四時間しかないんです。二時間の昼寝なんて無理、無理、無理です。教えたいことがいっぱいあるから、そんな余裕はないんです。

わたしは、昼の二時間を休みとし、その間に昼ごはんを食べなければいけないようにしました。だから、寝られない。

最後の最後まで、中国では昼寝は習慣なんだと抵抗されました。でも聞かなかった。コーチや協会の上の人から言われても、聞きませんでした。

結局、百歩譲って、三十分までの仮眠としました。昼食を食べたら、三十分の仮眠がやっとです。それ以上は譲れない。だって夜十時消灯で朝六時半に起きたら、八時間半も寝られます。それで十分じゃないですか。

指導者は、ゴールが見えていないとダメ

午後の練習が終わってからも、宿舎に帰ってからのランドドリルをやらせ通しました。あの子たちは、同じ敷地内に住んでいました。北京の天壇《てんだん》公園の近くに国家トレーニングセンターがあって、そこから五分ぐらいのところに宿舎があったんです。そこにはランドドリルをする場所も、トレーニング施設もそろっているんです。だから「はい。そこでもう一回、練習しましょ」って。

体育総局の事務所の人が、「シンクロはいっつも練習している」とびっくりしていました。でも、それぐらい練習することがいっぱいあったんです。

とくにデュエットのふたりの練習は多かった。全体練習が終わったら、「わたしの部屋に来なさい」と言うの。そして「はい。デュエットのランドドリルを続けましょ」って。デュエット、チームの二種目に出る人は、他の人の倍の練習をして当然なんです。

わたしはヘッドコーチですから、あの子たちに「ノー」はない。ヘッドコーチということは、国の方針として、わたしに任せたということですから。

そして、一番大事なのは、あの子たちをどういう結果のところに連れていってやりたいかという〝思い〟です。それがどこかといえば、二〇〇八年八月のオリンピックで、あの子たちにメダルを残してやりたい、それしかありませんでした。そのためには時間が限られている。だから、当然のことをやっただけです。

大事なのは、ゴールが見えているかどうかです。ただのがんばろうじゃない。メダルをとらしてやりたい。そのためには、こんな演技ができるようにしてやりたい。オリンピックの三カ月前にはこうあるべきだ、半年前にはこうあるべきだ、一年前にはこうあるべきだ。そのためには、この一カ月どうやって時間を使うのか、と逆算していくんです。

午前八時のバスに乗せて、長いときは夜九時まで練習させました。あの子たちが過労になっても、睡眠不足になっても、やってもらわなアカンことはやってもらうしかない。

もちろん、試合前には睡眠不足になったら困るから、テーパーリング（調整）に入ったら我慢します。それ以外のときは、「今は悪いけれど、寝る時間が減っても、練習をしてね」と言います。

やはり指導者は、人を育てるとき、ゴールが見えているかどうかが大事です。ゴールが見えてもいないのに、「がんばろうよ」なんて、いったい何をがんばるんやって。

翻って、巷の親子を見れば、いい高校、いい大学に進んでほしい。そして、いい企業に入ってほしいと、漠然と願う親がほとんどだ。

親が、ゴールが見えていない。ゴールが見えていないのに、「あんた、がんばって勉強しなさい」と言っても、子どもは困るでしょ。どうがんばるの？　いい会社って何なの？　月給の高い会社？　それともやりがいのある会社？　漠然と世間体がいい会社のこと？

子どもに「世間体のいい会社に就職して」なんて言えないでしょ。説得する言葉を持っていないから、「がんばろう」なんて、曖昧な言葉で逃げるんよ。

「がんばりますから、よろしくお願いします」と言う人がいる。エッ、何をがんばんねん。具体的なゴールが見えないからって、訳がわからんがんばろうはダメやって。

その子をどうしてやりたいのか、どんな結果のところに連れていってやりたいのか、どんな思いをさせてやりたいのか、どんな演技ができるようにしてやりたいのか。それがなかったら指導者失格なんです。大きな目標でも小さな目標でもそうです。ゴールが見えているかどうか。

世の中、ゴールが見えていない指導者や先生が多すぎます。ただ自分がやりやすくするため、「それはやめなさい」「がんばりなさい」とか言うのは、まったくダメ。「がんばろう」ほど便利な言葉はないけれど、これほど訳のわかんない言葉もない。もしかしたら、昼寝をがんばるという人がいるかもしれない。「わたしはからだのため、昼寝をがんばります」と言われたら、どう答えるの？

4章————

迷ったら、初心に戻りなさい

人間嫌いなら、先生になるな

まずお願いしたいのは、人間嫌いの人は、教師にならないでくださいということです。これは、すっごく大事なことです。

人間嫌いなら、教師にならないでほしいし、人の前に立つ仕事には就かないでほしい。人間が好き、これが大切なんや。

前にも言いましたが、教えるということには正解がない。それでも、試行錯誤しながら人間に接していくことが面白いと思える人でなくてはダメ。

正解がないなかで応用問題を解いていく、もっと言えば、多様な人間そのものを面白いと感じる、つまり人間好きでなかったら、人の前に立ったらアカンのや。嫌いだったら、子どもたちがかわいそすぎるわ。シンクロでも同じです。人間が嫌いな人はコーチも教師もやめたほうがいい。

親にも「わたし、子ども嫌いやねんけど」と言う人がいるでしょ。何たる言い草や。子どもは望んでそんな親の子どもになったんじゃない。人なら、自分が親となった時点で考えが変わって普通ですよね。ひどい話です。

シンクロに限らず、スポーツのコーチでも人と接するのが苦手な人がいる。人間が嫌いな人もいる。しばらく観察すれば、すぐにわかる、と井村は言う。

「あっ、この子は人が好きじゃないな」というコーチもいます。そういうコーチは、子どもの問題とは向き合えません。その子を「どないかして上手にしたろ」という熱意がないから、いつまで経っても、その子は上手になりません。

そういう若いコーチは、影響の小さいポジションに移します。やめるようなら止めません。向いてないんだもん。やはり人を動かすのは情熱ですよ。わたしがいつも言うように、本気でかからないと人は動かないって。

人間は、引っ張られたほうが変わりやすい。その引っ張り役が教師であり、コーチであり、会社の上司であるわけです。その人の熱意や情熱によって、「できるかな」から「できるみたい」に変わっていくんです。だから、引っ張る人にエネルギーがないとダメなんです。

だれでも、病気みたいな教師には教えてほしくはないでしょ。いやいやる教師やコーチに教えてもらいたくないでしょ。わたしらだって、話をしたら元気を吸いとられそうな人とは、つき合いたくないでしょ。

自分がそうだったら、相手もきっと、そうだって。会社でも嫌そうに上司をしている人がいるでしょう。「あんたの部下にはなりとうないわ」という人がいるじゃないですか。

なぜ、こんなことを思うかというと、小学校のとき、嫌そうに教える先生に教えられたことがあるからなんです。

低学年のときかな。その先生は、本当に義務的に教えていた。正直、その先生には教えてもらいたくないわって思いました。この先生、やっているだけやなって。

高校のときもありました。この先生、授業に来ているだけや、わたしらのこと、いっこも気にしてへんって。

ほら、いるじゃないですか。授業のやり方が一方的で、勝手にひとりで教科書を見ながら授業をしている先生が。わたしらの顔色も見ない。な〜んにも気にしてへん。この先生、ノルマで来ているだけやって、すごく感じたことがありました。黒板のほうばっかり向いて、生徒の顔色も「へえ〜」という顔も受けとってくれない。興味がない。

逆にいえば、いい先生がたくさんいたから、そうでない先生が目立ったんだと思います。

迷ったら、初心に戻る

やる気のない先生、コーチには、「あなたの初心に戻りなさい」と言いたい。

学校の先生には「あなたが教員採用試験の申し込みをしたときの気持ちを思い出しなさい」「合格通知をもらったときの気持ちはどうやったの」と言いたい。会社員だったら、内定をもらったときの気持ちですね。みんな「よしっ、やろう」とうれしかったはずや。入社試験だって、いろんな願いを込めて願書を出したはずや。「通りますように」と祈ったはずや。「そのときの気持ちを思い出しなさい」と言いたい。

人間は勝手なもので、なんでもすぐに当たり前になるのよ。当たり前になるから、今の自分は「こんなはずじゃなかった」と思うようになる。こんなはずじゃなかったのなら、こんなはずだったというところを目指して動けばいい。でも、予想通りだった部分も絶対にあるはずです。予想通りだったところを見つけて、自分の思い通りの仕事に就けたと喜ばなくちゃ。現実を、自分のいいように持っていく努力も必要です。

わたし、いつもマスコミの方に「なんでマスコミの仕事に就いたんですか?」と聞くんです。「人をたたくためじゃないでしょ?」って。

わたしは、むちゃくちゃな記事を書かれたとき、そのスポーツ紙の新聞社に電話をして、「あなたはどうしてこういう仕事に就いたの?」と聞きました。そうしたら、書いた記者は「スポーツを通して日本をよくしたい」と言う。「あなたのやっていることは、わたしをコケにして、アホな話題を書いているだけじゃないですか。あなた、それが本分ですか」と言ってやりました。本気です。

スポーツのマスコミの人は、ほとんどがスポーツを通して日本を元気にしよう、若者を元気にしようと思っているはずです。記者には、ひとつの記事を通して日本を変えるチャンスがある。ぜひ、初心に戻って、そうしてもらいたいと思います。

フェアな道は絶対にある

井村は自分のことを考える。一九七三（昭和四十八）年、二十三歳のときに現役を引退する。翌年、請われて、浜寺《はまでら》水練学校でシンクロのコーチに就いた。

わたしは、小学校まではすごくおとなしい子やったんです。自信のない子やった。まじめだけがとりえでした。そのわたしが、なぜ教師になろうと思ったかというと、高校のときの先生が、すごく自信をつけさせてくれたからなんです。

わたしはシンクロというものにコンプレックスがありました。マイナースポーツだから、ものすごく恥ずかしかった。だから、「シンクロをやってる」と大きな声では言えなかったんです。でも、その先生が「シンクロをやっていることに自信を持ちなさい」と言ってくださった。ささいなことですけれど、「ああ、自信を持てばいいんだ、何もこそこそすることないんだ」と思いました。残念ながら、その先生はもう亡くなられました。

大学を受験するとき、周りのみんなは、競泳でインターハイ（高校総体）何位とか、飛び込みで何位とか書いている。でも、シンクロ競技はインターハイにないから、わたしは何も書けない。それでも「特技はシンクロ」と書きました。

で、大学に入ったら、採点してくれた先生に呼ばれた。水泳担当の先生でした。「君の点数はぼくがつけたんや。君の特技の点数、何点つけたか知っているか?」と聞くんです。そうしたら、「百点つけたんや」って。

「えっ。シンクロでなんで百点つくんや」と驚いたら、「ぼくはな、競泳の選手は(競技)人口が何人いてて、その中のインターハイで何位だから何点ってつける。だから君も一緒だ。シンクロの競技人口は競泳に比べて少ない。その中で君は高校のとき、チームの一員として日本選手権で優勝したから、シンクロ人口の何番目に位置するだろうかと考えて、百点をつけたんやぞ」と言われた。

「ああ、わたしのことをこんなに正当に評価してくれている。マイナー種目だからといってバサッと切るのではなく、ちゃんと見てくれている」と、ものすごくうれしかったんです。

それからです。もう何もこそこそすることはない。自信を持って、大きな顔をして、シンクロをやればいいと思うようになったのは。

あるとき、ふとこういうことを考えました。

わたしはふたりの先生に自信をつけさせてもらった。同じように、わたしがだれかちがう人の人生の力になってあげられたら、生きている価値があるんじゃないか。世の中の人、ひとりひとりがだれかの人生の力になってあげたら、世界はどんどんよくなるって。

だから、わたしは学校の先生になろうと思った。わたしも、世の中のひとりの人間として生まれたからには、だれかの人生の力になろうと思ったんです。それがわたしの目標になりました。

わたしは、先生からフェアな道は絶対にあることを教えてもらいました。だれかを切り捨てることは簡単だけれど、「みんな同じようにフェアであるために、自分はこうしたよ」と言ってくださった。フェアであることは大事です。その基本軸はぶれずにきています。

「あのコーチむかつくな」でおおいに結構

初心ゆえ、である。思えば、シンクロのコーチを続けたことも、逆風のなか、中国のヘッドコーチに就任したことも、だれかの力になりたいと純粋に思ったからだった。

中国の選手を見て思ったのは、たまたま運命として、今は中国の子たちがわたしの目の前にいる、ということです。わたしが選手たちのところに行き、あの子たちは予期せぬことから、日本人の指導者に教えてもらうことになった。人とのめぐり会いは、運命的です。

今回は、たまたま中国の上の人がわたしを呼んでくれたわけですが、オリンピックが終わったとき、「わたしの指導を受ける運命になってよかったと思ってもらえるように、絶対にするぞ！」と思いました。

願いはかなった。北京五輪で中国シンクロチームに同国初のメダルをもたらした。井村は表彰式が終わると、駆け寄ってきた選手たちから、銅メダルを次々に首にかけられ

選手たちから銅メダルをかけられる

ることになる。

みんなが、メダルをかけてくれた。そして、「ありがとう」のメッセージと感謝の言葉の入ったCDを残してくれた。どんなきつい練習をしてもいいけれど、終わったときに、「この先生についていってよかった」と言わせることが大事だと、やはり思いましたね。

そのプロセスで嫌われたって、おおいに結構です。毎日、「好きだ」なんて言われたら、きついメニューを出せなくなる。「わたし、先生のことを尊敬しています。先生の言うとおりについていきます」なんて言われたら、きつい練習をやりづらくなるわ。

「あんたが嫌い」がちょうどいいですよ。「あのコーチむかつくな」でおおいに結構です。でも最後には「やっぱり先生についていってよかった」と言わさなアカンでしょ。

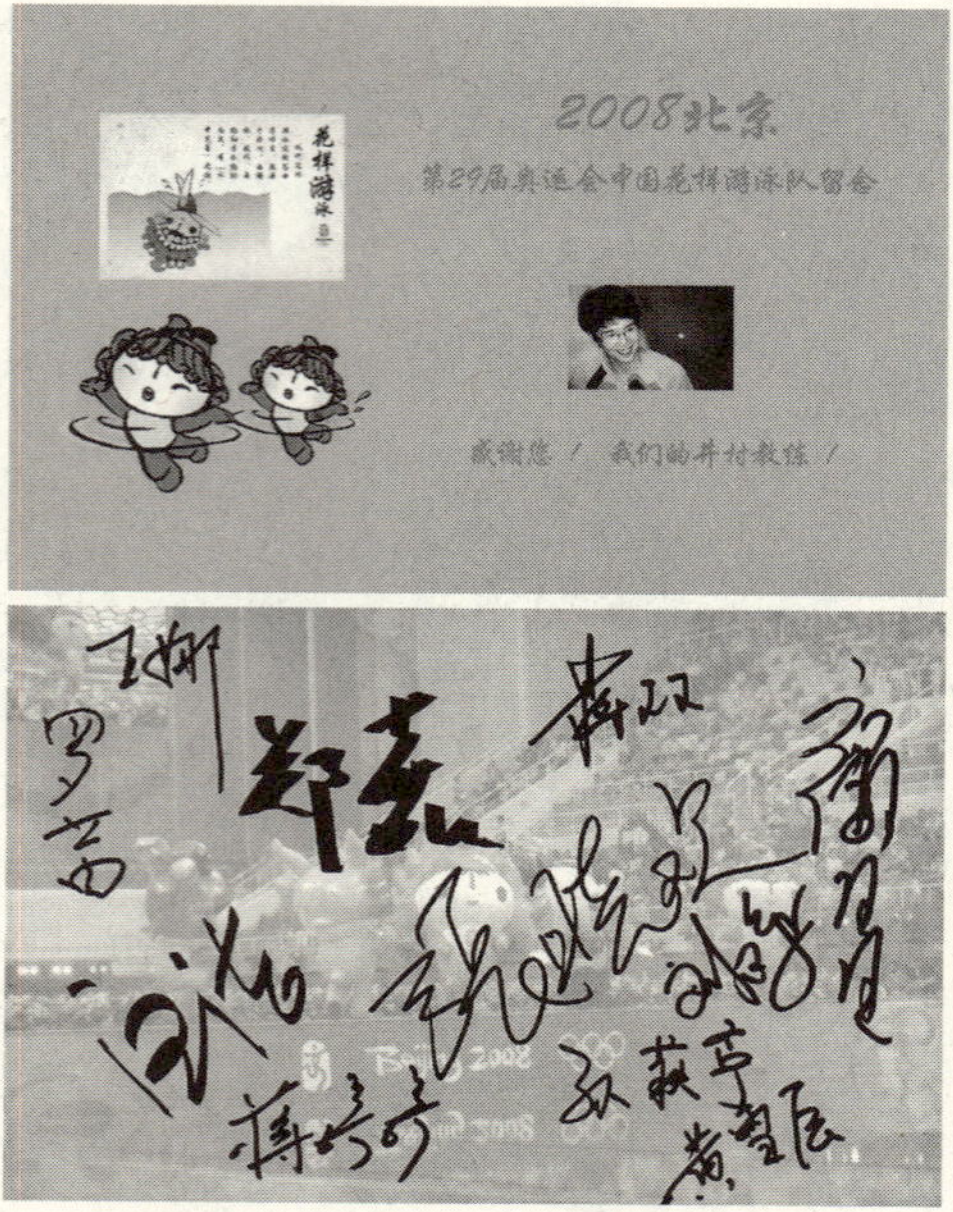

帰国後に贈られた写真集。準備期間からオリンピックまでのスナップを集めたもので、選手全員のサイン入り

そうなったら、その間のいろいろなことは、みんなマルになるんですよ。

北京オリンピックが終わって、荷物を片づけているとき、みんながひとりずつ来て、「本当にありがとうございました」と言ってくれた。そのとき、中国に来てよかったなと思いました。

彼女たちは何の打ち合わせもせずに、入れ替わりにひとりずつ来てくれたんです。みんな誰も来てへんと思っていたら、ほかの子も来ていたわけです。

この子たちはエライなと思いました。自分の感謝の気持ちを、自分の言葉で伝えようとしてくれた。

指導者ってすごくいい仕事だなと、改めて思いました。

自分の感覚を変える勇気を出しなさい

人間相手の仕事は正解がなくて本当に手探り状態だけれど、本気で相手を思う気持ち、本気で選手をよくしようという気持ちは、必ず通じますね。

そりゃもう、途中は大変でした。怒鳴りまくったことは、ナンボでもあるし……。

ひとつの話としては、中国でもっとも人気のある顧貝貝《こばいばい》のことでしょうか。下手やから、結局、チームのテクニカル・ルーティンから外すことになるんですが、あの子にもそれまでの中国チームでの歴史があり、立場がありますから、どれだけマンツーマンで練習したか。何回も泣かせました。

顧貝貝は大ベテランだから、悪い癖がしみこんでいるんです。それがとれへんわけです。下手な子ほど、若い子ほど、ころころ変わっていくんですけれど、あの子はもう、失敗するのが怖いから、いくら直しても、すぐ元通りになっちゃう。

あるとき、わたしは貝貝に、「ねえ、あなた、自分のこと上手やと思っている?」と聞いたんです。そうしたら「いいえ」と言う。「それなら、上手になりたいと思っている?」と聞いたら、「思っている」と答える。わたしは言いました。「もし、あなたが、自分は上手だと思っていなくて、これから上手になりたいと思っているのなら、自分の感覚を変える勇気を出しなさい」って。

自分の今の感覚を変えるって、ものすごく怖いと思うんです。でも「あなたはわたしを信じて、自分の感覚を変える勇気を持ってごらん」と言いました。「あなたがいけないのは、勇気がないことや。自分が上手やと思ってなかったら、自分の今の感覚を壊すことなんか簡単じゃないの」って。プライドのかたまりなんでしょ。すごく泣きました。

わたしは言いました。「自分が下手なのに、自分を変える勇気を持たないで上手になりたいなんて、そりゃ無理や。自分の感覚を変えなさい。自分を崩しなさい」って。泣きながら、あの子は練習し続けました。

わたしは、北京五輪の出場メンバーをぎりぎりまで決めませんでした。メンバーを決めたのは、オリンピック開幕の日、八月八日です。顧貝貝をテクニカルのメンバーから外そうと思ったのは、八月十日のことでした。

5章――――

大きな願いの前には大きな砦《とりで》がある

最大のピンチを切り抜けたら、メダルがとれる

井村雅代ヘッドコーチ率いる中国シンクロナイズドスイミングチームは、北京五輪で銅メダルを獲得した。悲願のメダルだった。最後には五輪開催国を感動で沸かせたが、そのプロセスは苦難の連続だった。じつは壮絶なドラマもあった。メダルは、出場断念のピンチを乗り越えた結果だったのだ。

北京オリンピックにはひとつ、大きな秘密があるんです。これは初めて言うんやけれど、北京オリンピック直前の七月三十日に、水ぼうそうの子が出たんです。

どうもからだの様子がおかしいから、病院に行かせた。で、帰ってきたら、何事もなかったように、トレーニングセンターの食堂で、ドクターと一緒にご飯を食べている。「どうしたの?」と聞いたら、「これ、うつらない水ぼうそうや」と答える。「からだを見せてごらん」と言ったら、もう赤い発疹がいっぱいです。それで、「お願いやから、もう一回、ちがう病院で診察してくれ」って。

そのことを体育総局の上の人に言ったら、彼女は北京で一番いい伝染病病院に隔離さ

れました。

チームメイトに水ぼうそうがうつっているかもしれない。大会直前ですから、大事件です。このことは、五輪期間中はだれにも言いませんでした。選手は省の代表ですから、その子の名前が出たら困るからです。

オリンピックの開会式はもうすぐです。さあ、どうしよう、ですよ。選手を集めて、彼女は水ぼうそうで入院したと言ったら、何人かが泣いた。「何で泣くの？」と聞いたら、「わたしにうつっていたらどうしよう」って。「うつっていたら、うつったときのこっちゃ」と怒りました。「泣いたって関係ないでしょ。泣いたって、うつっているかどうかわからないでしょ」って。

すぐに予防接種も受けさせました。結局、だれにもうつっていなかったんですけれど、選手たちに親に確認させたら、子どもの頃に水ぼうそうにかかっていない子がいっぱいいたんです。日本とはちがいますね。シンクロチームの九人のメンバーのうち、子どもの時分にかかっているとわかったのは、半分もいなかったと思います。

そうしたら、子どものときにかかってない子がまた泣くわけです。泣いたって何の役にも立たんのに。わたしのほうが頭真っ白やのに、まったく。

中国のシンクロチームは九人である。試合ではうち八人で演技する。

ひとつの対策として、水ぼうそうの彼女がオリンピックで使えないことを前提に、チームをつくり始めました。彼女はテクニカル・ルーティンとフリー・ルーティンの両方に入っていました。

彼女は病院に隔離されているんだけれど、毎日、携帯で電話してくる。「先生、わたしは今日、ランドドリルを何回やった」とか、「今個室にひとりでいるから、こんなトレーニングしました」とかね。わたしは、「がんばんなさいよ」とか、「すぐに泳げる状態にしておきなさい」とか言うけれど、こちらはこちらでそれどころじゃない。

開幕の日がどんどん近づいてくるなか、体育総局から「選手村に入ることを禁止する。そして、ほかの選手にも水ぼうそうが出たら、オリンピックには出さない」という通達がありました。つまり、ふたり目が出たら、シンクロは棄権させるということです。

わたしは「絶対、出ます」とがんばった。ショックというより、どう対処するか必死でした。

でも、じつはそのとき、ひとつすごいことを思っていたんです。あの子が水ぼうそうと診断されたとき、「よしっ。このピンチを切り抜けたら、わたしはメダルがとれる」と本当に思ったんです。不思議なんですけれどね。

なぜこんなことを思ったかというと、過去にも似たような体験をしていたからなんです。優勝した世界選手権のときにも、こんなことがありました。

大きな願いの前には大きな砦

二〇〇一年、福岡での世界選手権のことである。井村が率いる立花美哉、武田美保組がデュエットで日本人初の世界一に輝いた。

その世界選手権のフリー・ルーティン予選で、立花、武田が、ロシアペアをちょっとリードしました。で、決勝の日の朝の練習でも、むちゃくちゃ上手だったんです。日本のふたりがあんまり上手だったんで、ロシアの選手が飛び込むタイミングを間違うぐらいでした。びびったんですね。プールサイドの白木先生（トレーナー）と、「これはいけるな」みたいな空気になりました。

それで迎えた夕方の決勝本番。本当に気分よくメイクして、全部準備して、本番プールで、競技一時間ぐらい前の練習をしたんです。そうしたら、もうぐちゃぐちゃになっていた。

審判席に座って、最後の指示を出そうと思ったら、ゆがんでいるし、ふたりの足の面もちがう。最悪でした。白木先生は、ふだんわたしに何も言わないんだけれど、わたしのところに飛んできて、「先生、美哉と武田がおかしいですよね？」と言う。

わたしは、審判席から飛び下りて、プールサイドの看板を越えて、手でふたりのからだを直そうとしました。でも、少しも直らない。競技開始十五分前になったら、本番プールから上がるんですが、そのまま、あの子たちをサブプールに連れていって、練習させようと思った。

そうしたら、白木先生がわたしに「先生、僕にひとり十分ずつください」と言うんです。ほかの選手たちはメイクをしていましたが、「もうそんなのどうでもええ」と、白木先生に十分ずつ渡したんです。ひとり十分だから、ふたりで二十分です。すぐ演技が始まります。

いろんなことをやってはりました。軽く筋肉を刺激したり、パンと瞬間スピードが出るように筋肉を刺激したり、マッサージしたり。そのあと、白木先生がわたしに「どうですか？」と聞いてきましたが、サブプールで練習していたわたしは「いや、ダメです」と答えました。すると先生は「もう一度五分ずつください」と言われたのです。

競技が午後六時から始まって、あの子たちの出番が七時十五分やったと思います。すると、なぜか七時ちょっと前になって、ふたりの演技がポーンとはまった。そのとき、「これで（優勝に）いった〜」と思いました。その瞬間、わたしは白木先生と顔を見合わせました。「よしっ」って。

ふたりを出番のエリアに連れていきました。あのふたりは手を握るようなタイプじゃありません。そのときも、バラバラなことをしていた。わたしは、演技もまたバラバラになるんじゃないかと心配しました。

で、その前のアメリカの演技が、たまたま「ジャン」で終わってくれるんです。だから、「ジャン」で終わった瞬間、立花、武田に呼吸を合わせ、「よしっ。行け！」と言ったんです。その瞬間、あの子たちが、パッとひとつになった。

結局、優勝できました。でもあとで考えたのです。なんで朝はうまかったのに、直前になって乱れたのだろうって。

結論は、人間は、自分の大きな願いがかないそうなときに、ひるむということです。美哉も武田もメンタルが崩れたんです。

だから、自分の大きな願いがかなうときには、必ず、その前に大きな砦がある。その砦を乗り越えたら、あなたの大きな願いはかないますよ、ということなんです。

大きな砦って何かといえば、「ひるむこと」「目減りすること」です。だから、本番で目減りしても勝てるようにしておかなければいけない。そこまで練習で追い込んでおかなければいけないんです。

それまでも、何回か似たようなことがありました。だれかが病気になったり、けがをしたり。でも、わたしは失敗したことがないんです。

例えば、アトランタ・オリンピック（一九九六年）の最終合宿のとき、じつは武田は骨折していました。練習中に隣の人にぶつかって、足の指の骨を折ってしまったんです。でも、あの子は試合に出ると言い張り、結局銅メダルをとることができました。

わたしは絶対にあきらめない

話を戻すと、中国の選手が水ぼうそうになったときも、これはチャンスだと思ったんです。このピンチを乗り越えたら、わたしは中国にメダルを残してやれるかも、と思いました。それで、その子がいなくてもチームで泳げるように練習することにしたんです。だんだん日が経ってきて、開会式（八月八日）も迫ってきた。八月四日に選手村に入る予定だったけれど、体育総局にノーと言われて入れなくなり、ずっと国家トレーニングセンターで練習していました。早く本番プールに行きたかったけれど、選手がそろってないから、行けなかったんです。

開会式の直前、水ぼうそうの子が病院から出てくるとき、チームのみんなには「彼女が出てきたときに泳がせて、彼女のほうがうまかったら、オリンピックで泳がすし、これまで練習したあなたたち八人のほうが上手だったら、あなたたちを泳がせます。わたしが見て決めます」と言いました。オリンピックでは、絶対ベストの八人を泳がせると決めていました。それを譲るわけにはいきません。

それで八日の開会式を迎えます。

わたしは、開会式の雰囲気を選手に味わわせたいと思っていました。シンクロは周りから見られる種目ですから、大観衆に見られる雰囲気を体験させてやりたかった。貴重な機会です。でも体育総局は「ダメだ。出るな」と言う。

水ぼうそうを発病した子の部屋は三人部屋でした。ほかのふたりの子にうつっている可能性もある。それもあって、シンクロは全員開会式に出たらダメだ、と言ってきたんです。わたしは頼みました。「病気にかかってない子は開会式に出してくれ」って。「選手村には入らない。トレーニングセンターから行くから、開会式に出してくれ」って。でも、またダメだの返事です。

結局、体育総局の局長に、シンクロ委員長とともに直談判しに行きました。何度も頼んだら、「わかった」と言ってくれた。ただし、水ぼうそうになった子と同部屋のふたりは絶対ダメだって言うんです。

そのふたりの子は泣きました。そこから、また体育総局の局長に直談判です。発病していたら開会式には出ないけれど、これだけ日数が経っているのに発病はしていない。もう発病はない。うつる心配もない。お願いだから、同部屋のふたりも開会式に出してやってほしいって。

粘り勝ちです。結局、水ぼうそうの子以外は全員、開会式に出られることになりました。水ぼうそうの子の同部屋のふたりからは「先生、ありがとう。うれしい」と喜ばれました。中国のコーチや選手、通訳からは「先生はすごい」「先生は絶対にあきらめない」と言われました。

あったりまえです。

だってあの子たちは病気じゃないんです。水ぼうそうに感染していたら、もう発病しているはずです。その時期を過ぎているのに、開会式に出さないというのは、理屈が通ってない。

水ぼうそうの子が病院から退院してきました。わたしが住んでいるところの入り口付近で待っていると、その子は引いていたキャリーバッグの荷物を放って、わたしに飛びついてきました。まだ発疹の跡がたくさん残っていたけれど、「よかったね」と言って抱きしめました。

でも、その子が中国人のコーチにも抱きつこうとしたら、コーチが「抱きつかないで」と言うんです。ホンマ、この人ら信じられんわって思いましたよ。本当の知識がないからでしょう。もう発疹がかれたからいいじゃないですか。うつりませんよ。知識のない人は残酷やと思いました。

わたしはその子と抱き合って、泣き合いました。「よかった。よく帰ってきたね」と。それはまるで、愛する人に再会できた映画のワンシーンのようでした。

それが開会式の前日です。その子には「あなたは開会式には出たらダメ。でも、残されている時間にずっと個人練習をしようね」と言いました。彼女も「わかった」と納得していました。その子を泳がせてみたら、他の選手より上手だったので、結局、テクニカルもフリーもその子を泳がせました。

ベストエイトの選手を泳がせる。その方針は貫き通しました。

こんな話、北京五輪当時は言えませんでした。言えば、「だれですか?」「どこの省の出身ですか?」となります。中国のメディアにもれたら、大変です。省の威信に関わることですから。今はもういいでしょうけれどね。

ピンチを切り抜けたときではなく、ピンチに直面したときに「これはいける」と思いました。なんか知らんけれど、そう思ったんです。「あっ。もしかしたら、このピンチを乗り越えたら、本当にメダルをとれるぞ」って。

わたしは最初、軽い感じで「よし、中国にメダルをとってやろう」「中国の力になってやろう」と思っていました。それが、水ぼうそうが出て初めて、「とれる」と確信したんです。今でも非常に不思議な感じです。

6章――――

わたしが中国に行った理由

大切なのは「自分は人の道に外れることをしているのか？」と問うこと

井村雅代は二〇〇四年アテネ五輪まで、日本代表を二十七年間、指導した。六回、オリンピックに出場し、すべての大会でメダルをもたらした。いわば名指導者である。新たなる挑戦が、二〇〇八年の北京五輪であった。二〇〇六年十二月、中国代表のヘッドコーチに就任する。なぜ、このタイミングなのか。なぜ、ライバル国に行くのか。「非国民」「国賊」——。日本からは批判の声が上がった。

中国に行くと決めたとき、相当なバッシングがありました。嫌な思いをしたというより、予想以上のことでした。そのとき、わたしが自分に問うたのは、「本当に悪いことをしているの？」「人の道に外れるようなことをしているの？」ということでした。

そうやって考えたら、別に悪いことをしているわけじゃない。サッカーだって野球だって、海外のコーチがいっぱい日本に来る時代に、なぜシンクロのコーチであるわたしが中国に行くだけで、こんなに批判されないといけないのでしょうか。ナショナルチームを捨てて行くのはマズイでしょうけれど、わたしは代表チームのコーチという立場ではありませんでした。

自分の中のもうひとりの自分と相談したら、「別に悪いことじゃない。請われたら行かなアカン、困っている隣国を助けなアカン」と言う。

日本流のシンクロの素晴らしさを、世界にアピールできるチャンスです。日本のコーチが世界に出て行くことで、日本流のシンクロがメジャーになっていくんです。

まあ何をしても、世の中には賛成の人と、反対の人がいます。批判もあったけれど、本気で応援してくれる人もいました。「絶対、がんばってメダルをとれよ！」と言ってくれる人もいました。

わたしはそんなとき、自問自答するんです。「自分は人の道に外れることをしているのか？」って。自分も人間だから、非常識なことをしているのかもしれない。だから、そんなときは「本当に自分は正しいの？」「人の道に外れてないか？」と問うてみる。

もちろん人の道に外れてはダメです。「何をしてもいいねん」ということになったら、ただのワガママやね。

「わたしが中国に行くことは、人の道に外れることなん？」――そうじゃないと思ったから、言いたい人には言わせておこうと思ったんです。

自分に問いかけることは大切です。それを忘れたら、「何をしても反対する人がおるんやから、やってもいいんや」と、すべての人の意見を無視することになる。暴走しちゃいます。

全員に賛成してもらおうと思うな

人間社会は、ああ言ったらこう言う、こう言ったらああ言うみたいなパターンでできています。政治でいえば与党と野党があるみたいなもんや。だから、反対意見を言われたからって、すぐに引くのはおかしいよね。そもそも全員に賛成してもらおう、全員に愛されよう、というのは間違いです。

今の若者を見てて思うのは、十人のうちひとりにでも反対されたら、すぐにやる気をなくす子が多すぎるということ。すぐにへこんじゃう。そんなんじゃダメでしょ。反骨精神がないのかな。

会社なんかのプレゼン（案件説明）で、上司から突っ込みにあうと、やる気をなくしてしまう。なんでや。自分のプレゼンでいろんなことを指摘されたら、逆に説得し返すか、指摘されんようにもっといいものをつくるか、考えればいいんです。

シンクロも同じです。指摘されて、引っ込む選手はちょっと弱すぎます。

中国と比べると、日本には逃げ道が多いよね。中国代表選手には、途中であきらめるとか、投げ出すとかはないんです。彼女たちには選択肢がない。故郷の期待と希望を背負ってきているからです。

だけど、日本は豊かすぎるから、選択肢がいっぱいある。会社でへこんでも、そのほかの道がたくさんあるんです。そりゃ選択肢がたくさんあるのは幸せでしょうけど、幸せすぎて、恵まれすぎて、ひ弱になっては意味がありません。

自分にできることは何か？

思えば、井村の人生は挑戦の連続だった。遠い昔、一九八四年ロサンゼルス五輪の直後、コーチをしていた浜寺水練学校から「賃下げ」の通告を受けた。事実上の解雇通告だった。迷った挙句、浜寺を飛び出し、ふたりの選手を育てるため、自身のシンクロクラブを立ち上げた。井村が三十四歳のときである。

浜寺をやめるときも、「わたしにできることって何なの?」と自問自答しました。そのとき、わたしができるのは、学校の先生と、シンクロを教えることだけだと気づいたんです。だけど、一度やめた教師に戻るのは、悔しかった。だからシンクロを教えていこうと決めました。

浜寺をやめるとき、ふたりの選手がわたしについていくと言ってくれました。前にも言いましたが、コーチは失敗も成功も経験になるし、やり直しもきくけれど、選手たちはやり直しがきかない。だから、ふたりの選手生命をストップさせずに、今までと変わりなく伸ばしていく方法を考えたら、試合に出すしかないという結論になった。

で、選手を試合に出そうと思ったら、所属団体が必要なことがわかりました。だから、自分のクラブを立ち上げて、その子たちを試合に出せばいいのや、と思ったわけです。まさか「できたてのクラブからは試合に出させません」ということはないからね。

これが井村シンクロクラブの始まりです。ただ自分のクラブを立ち上げるのも大変でした。わたしは何も知らなかったの。周囲からは、反対されたというより「何を考えているの?」と不思議がられました。「なぜ浜寺をやめた人が自分でクラブを立ち上げるの?」って。

最初はどこもプールを貸してくれませんでした。大阪中のプールに、「井村にはプールを貸すな」というお達しが出ていたようです。四面楚歌の状態でした。

とにかく前例がなかったんです、シンクロの世界で自分でクラブをつくるなんて。その当時はスイミングスクールのひとつのコースとしてシンクロが存在したけれど、個人が立ち上げたシンクロだけのクラブというのはなかった。それこそ、「何考えてんのや」の世界でしょうね。

それでも、三つのプールだけが、「あなたには貸すなと言われていますが、お客様であることに変わりはない。どうぞ使ってください」と言って貸してくれるようになりました。貸してくれるのなら、どんな遠くのプールにも喜んで出かけました。

わたしはどんな目で見られても構わないのですが、選手たちに厳しい反応が来たのはつらかった。だから、いつか見返してやるぞ、ナショナルチームには井村シンクロクラブの選手が必要だと思わせてやるぞと、懸命に選手を育てていったんです。

あれから二十年以上の月日が流れました。まさかこんなに続けるとは思っていませんでした。

いつも選手にいい結果を持っていってやろうと思って、やってきました。成功かどうかはわかりませんけれど、日本シンクロ界のひとつの核みたいなクラブになったのは事実ですよね。先はわかりません。今は「悪くない」みたいな感じです。立ち上げたときは、すべての状況が悪かったわけですから。もちろん、それをいい方向に持っていこうと考えていましたし、今も思っています。

日本流を世界に知らしめる必要がある

北京五輪が終わって日本に帰ってきて、周りの人に「中国はメダルをとれないと思っていたんですか?」と聞いてみました。

みんなが「この短期間によくメダルをとってこれたね」「すごかったですね」とびっくりしているのが、逆に不思議でした。

わたしにすれば、メダルはひとつだけで、もうひとつを手からポロッと落とした感覚なのに、そういうふうに言われると「あれっ」と思います。みなさんは、中国がメダルをとれないと思ってはったんやって。

わたしは一年八カ月で、中国にメダルをとらせるつもりで行きました。短い期間を承知で行っているわけです。

わたしが中国に行ったことは、日本流シンクロが世界でメジャーになるためには、プラスのことだったと思います。

なぜなら、立花、武田を見ていたとき、本当に悔しい思いをしたからです。

変な話だけれど、ロシアのコーチが海外に教えに行ったら、お世話になっているその国の人々は、ロシアも応援するようになるんです。見慣れているシンクロだから、いい演技だと解釈するんです。そんな国がいっぱいあるなかで、わたしは日本だけで教えていました。だから、最後に日本が勝てないのは、政治力で負けたんじゃないのかなと思うときもありました。ロシアと同じ数だけの日本人コーチが海外に出ていたとしたら、たぶん立花、武田は、一回の世界一では終わりませんでした。シドニー五輪のチームのときだって、日本は優勝していたと思います。二〇〇四年アテネ五輪のチームではロシアが勝っていたけれど、シドニーでは日本が勝っていましたよ。

だからシンクロの世界に確固たる立場を持っていないと、採点競技では絶対、世界のトップ争いには入っていけないと思うんです。日本だったら日本流、ロシアだったらロシア流、スペインだったらスペイン流……。

もし、わたしがオリンピック開催国、中国のオファーを断って、またもや日本流シンクロをアピールする場を失っていたとしたら、わたしは後悔すると思いました。

やっぱり日本のスパイスを世界にアピールしたいじゃないですか。日本流が広まれば、日本が国際大会で上位に入ったときに、「やっぱり日本が来たな」となる。でも日本流のアピールが足りなかったら、「えっ、これが上に来るの」「日本の選手がなぜ来るの」となる。

芸術性というのはすごく面白くて、パッと見て「いいな」と思われても、それを世界一までの点数に換算させるのはすごく難しいんですよ。でも、みんなが演技を見慣れていて、「いいよ。いいよ」と思っていたら、その演技を見た瞬間、ポンと点数が出るもんなんです。

だから、日本流のシンクロを世界でアピールしておくことは、すごく大切なことなんです。日本流といえば、同調性とか確かな技術です。日本流が世界の中で確固たる地位を得るには、それが「いい」ということを、世界に知らしめていかなければいけないんです。

動く瞬間スピードを上げる

例えば、中国チームが北京五輪のテクニカル・ルーティンで演じた『カンフー』である。陸上動作で颯爽とカンフーポーズを決め、メリハリのある演技を披露した。とくに身体的長所を生かした迫力ある足技の連続は審判を魅了した。

中国チームが北京オリンピックで演じた手足の一糸乱れぬ伸びやかさ。ああいうやり方は日本流なんです。

でも、教えれば誰でもできるようになるかといったら、やはり日本の子にしかできないこともたくさんある。からだに染みついているものがあるんですね。

そして、日本ならではのコーチのテクニックというのもあるんです。例えば、どう動きにメリハリをつけるかというと、動く瞬間スピードを速くする。動き出しではなく、動いているときの瞬間スピードを上げるんです。

それをどう指導するかというと、「アウターマッスルではなく、インナーマッスルを使いなさい」と教えるんです。ムチがしなるようにピシッとなる動きは、インナーマッスルによるものなんです。

インナーマッスルとは、骨に近い深部、内側にある筋肉のことをいう。細い白筋の筋肉で、反射神経に関わる動作時に使う筋肉、力を抜いて動作するときに使う筋肉といわれている。いわゆるスピード系だ。対するアウターマッスルは、外側にある筋肉を指し、パワー系といわれている。

アウターマッスルを使うと動きが重く感じられる。鈍く見えます。中国に行ったとき、選手たちはインナーマッスルを知りませんでした。とくに鍛えたことがなかったんです。最初、彼女たちはランニングマシンで走っていました。「お願い、走らないで。脚が汚く見えるようになるから走らないで」と言いました。彼女たちの走り方でランニングをすると、アウターの筋肉がつきます。同じ理由で、彼女らが自転車に乗っても、怒りました。

ピシッとする動きは、しつこく教えました。瞬間スピードを意識させる。そして、何回も演技を流して、「その動きじゃない、こういうピシッとした動きなんだ」と教えていくんです。ピッと動くと、余韻が残る。ピーンってやると、プールの天井に脚が突き刺さるような感じになるんです。

カギは、インナーマッスルと、その動かし方です、筋肉の使い方です。できるだけ、アウターマッスルは使わない。アウターを使うと、グーッと力が入るから、動きがちっちゃくなるんです。

手足の瞬間スピードを上げたら、水を切る瞬間スピードも上がる。空気を切る瞬間スピードも上がる。だから、ピシッ、ピシッと見えるようになるんです。

だから、トレーニングのやり方も、中国の選手がそれまでやっていたのとは全然ちがうものになったと思います。じつは北京オリンピックが終わって初めて、「今までどんな練習していたの？」と一度も聞いていなかったことに、気がつきました。

例えば、新しくインナーマッスルの強化を取り入れました。陸上トレーニングでも意識して、鍛えさせました。どうするのかというと、寝転んで、脚を内部の筋肉で持ち上げるんです。腕は、肩甲骨の下にあるインナーマッスルで小さく上げ下げする。まあ、いろんな鍛え方があります。

インナーマッスルの重要性を認識したのは、二〇〇〇年ぐらいからでしょうか。それまではアウターマッスルばかりを鍛えていました。「運動選手はがんがん走れ」の世界です。でも、シンクロの選手は基本的に水中、つまり無重力状態で運動するので、走る必要はないんですよ。シンクロの子たちは、陸上では立てない、走れない、歩けないようです。両生類みたいなものですね。

後ろを見ず、前を見る

話を戻そう。井村は逆風のなか、中国に渡った。「失敗が許されない隣の五輪開催国からヘッドコーチを頼まれたら、どうしたって断れないじゃない」と思ったのだ。

隣の国から頼まれたら、そりゃ力にならないとダメでしょ。自分が行ける環境にあるならね。失敗を許されない開催国から、あなたに是非、頼むと言われたんです。見込まれたんです。政治的にいろんな動きがあったなかで、日本人にヘッドコーチを頼むのは、中国にとってもひとつの決断だったと思います。

中国に行くことで、批判を受けましたけれど、これが実力差のある韓国だったら、別に問題はなかったんでしょ。中国は日本の当面のライバルなのにけしからん、という人もいましたけれど、あの当時、まだ中国はライバルになっていませんでした。日本は世界で二番、中国は七番でしたから。二番と七番は、シンクロの世界では月とスッポンです。まったくちがう世界でしょ。だいたい、わたしが日本のコーチをやっていたときも、最後の最後まで「打倒！　中国」なんて言ったことはありません。

たぶん中国は大国だから、スポーツに限らず、強くなったらとてつもなく強くなるということで、みんなが恐れているんでしょ。

たしかに強くなる雰囲気はありました。中国の選手はスタイルがよくて、すごい、すごいと言われ続けていた。だから、シンクロを本格的に始めてすぐに入賞したんです。

でもそれっきり動かなくなった。

よく考えたら、日本が中国のことを「当面のライバル」と言うこと自体がおかしい。後ろを見ず、前を見たらいいんよ。そもそも日本は社会全体が後ろばっかり見て、せこいよね。

わたしは常にチャレンジャーだから、前しか見ない。「こういうふうにしなさい」と中国の子たちに見せたビデオも、世界トップのロシア選手のものでした。

だけど、こうも言いました。「あなたたちは、ロシアの真似をしたって一番にはなれない。こんなビデオの演技は過去のもんだから」って。

北京五輪のチームのフリー・ルーティンの最初、中国の選手が空中に飛んで、ひねったじゃないですか。じつはそれがなかなかうまくいかなくて、ロシアの飛ぶ子のビデオ――二〇〇七年のメルボルンの世界選手権のビデオ――を見せたんです。「こうやって踏み切って、こうやって飛ぶんや。そしてひねりを入れてな」って。

そしたら（飛び役の）顧貝貝が、「先生、ロシアの子はひねってないじゃないですか。わたしもひねらない」と言う。「それはちがう。ロシアがひねってないから、あなたはひねるの」と言いました。翌年にロシアと同じことをしても、何の足しにもならへんでしょ。

なぜわたしがビデオを見せたのかというと、ロシアの子の飛ぶ高さの話をするためでした。「踏み出しや姿勢がちがうでしょ」って。「そっからあと、回ろうが、ひねろうが、関係ありません。ロシアがひねってないから、あなたはひねりなさい」って。

世界一のロシアがひねってなかったら、わたしたちはそれに近づくためにひねりを入れる。次は向こうがまた何かをプラスする。そうやって、競技全体が進化していくんです。

過去の大会のビデオを見て、同じことができるようになっても、ナンボのもんやと思います。映像を見た時点で、みんなできるんですから。

試合は練習のごとし、練習は試合のごとし

日本の映像も一度だけ中国の子に見せたことがありますよ。『空手』です。『カンフー』の演技がピシーッとなれへんから、見せました。

『空手』を見せることで、本当に息が合うとはどういうことか、本当に並ぶとはどういうことかを伝えたかったんです。

『空手』は、二〇〇〇年の古い演技やから、動きは速くないし、エレメント（要素）や課題もちがうけれど、一回見てごらんと言うたんです。こういうふうに、ピシーッとそろって泳ぐんやって。

そうしたらどうなったと思います？　みんな日本の演技がうますぎてショックを受けて、暗くなっちゃったんです。「わたしら、うまくなったと思ってたけれど、全然ちがう」って。

だから、こう言いました。「わたしは、シドニー五輪のときに日本の選手に求めていたことと同じことをあなたがたに言っているの。教えているのはわたしなんだから、あなたがたは同じように泳げるようになって当然なのよ」って。

中国の子が、「先生、質問」と言うんです。で、「この日本の選手たちは、練習のときもこんなにうまく泳いでいたんですか？」と聞いてきた。笑っちゃいました。「当たり前でしょ。練習でできないものが、試合でできるわけないでしょ。だから、あなたたち、練習のときにピシーッとやんなさい」と答えました。そうしたら「ああ、練習でもこんなことしていたんだ」って。

中国の子たちは、練習より試合のほうがよくできると思っていたんです。その考えを覆すのが、すごく大変でした。わたしは、試合で練習のようにできたら満足なんです。試合で一発すごいことができるなんて、期待してへん。だけど、中国の子たちは朝から晩までずーっと練習できる環境にいるから、淡々としているんです。試合になって初めて、「さあ、行くぞ!」という感じなんです。

でもシンクロは、「さあ、行くぞ!」と行かれたら困るのね。みんなが一緒に呼吸を合わせることが大事ですから、シンクロは練習のようにせなアカンのです。だから、何回も言いました。「試合は練習のごとし。練習は試合のごとし」って。「練習は試合のようにしなさい」って。

中国の子はビデオを見て、自分らがすごく下手だとわかって、ガクッとなっちゃった。「だから練習せなアカンの」と言って、また練習しました。

7章――――――

異国での
コーチング

勝つために必要なこと、自分のやりたいことを全部やった

井村雅代は二〇〇六年暮れ、中国シンクロナイズドスイミング代表のヘッドコーチとして、北京に乗り込んだ。言葉の壁を乗り越え、一日十二時間もの猛練習を課す「井村流」で押し通した。

中国チームのムードなんか気にしませんでした。自分のやりたいことをガァーッとやっただけです。わたしはまず、あの子たちのゴールを決めました。こういうことができるようにしてやりたいと。そうしたら、あとは限られた時間のなかで練習をやるしかない。昼寝を二時間している場合じゃない。その時点その時点で、「こうせなダメや」「ここまではできとかなアカン」と考えて、やらせただけですね。

一日の時間も限られていますから、朝八時に出て行って、八時半に練習を始めて、十二時半までやって、昼食をとって休んで、またやって、夜は九時まで。最低十時間、だいたい十二時間はやりました。

勝つために必要なこと、自分がやりたいことをやっていきました。強化のため、こう

いう環境にしてほしいということは、全部幹部に言いました。そうしたら、全部やってくれました。

例えば、「プールの窓から陽射しが入って演技が見えにくいので、光を止めてほしい」と言ったら、ガラス窓にカーテンをつくってくれました。プールサイドに陸上動作をする場所がないので何とかしてほしい、と頼んだら、試合用の台と同じような、すごいのをつくってくれました。「もっと簡単なやつでよかったのに」と言ったら、「これ、北京オリンピックの本番用と同じだから、役に立つでしょう」と返してくる。それは役には立つけれど、まあ、そうですね、みたいな感じですよ。

「わたしはコーチングするとき、試合のときの審判員と同じ高さで指導したいから、イスがほしい」と言ったところ、次の日、試合と同じ審判台が取りつけられていました。わたしひとりだけのイスでよかったんだけど……。そうしたら、「この審判台の上にイスを乗せたら試合用審判と同じになるでしょう」って。まあ、それは一緒ですけれどね、すごいものです。

わたしが行くまで、ガツガツ練習する習慣がなかったので、音楽もプールで一カ所しか鳴らしていなかったようです。五十メートルプールで、一カ所しか音楽を鳴らせなかったんです。わたしは、もったいないと思い、向こうでチームの練習をしているとき、こっちでデュエットの練習もやりたくて、もうひとつ、音楽の機材がほしいと言ったんです。それもまた、「わかった」って。

次の週にプールに行ったら、プールの天井に大きなアンプがいくつかあり、リモコンで操作できる機械がありました。「こんなにすごいのいらんかったのに」と言ったら、「でも便利でしょう」って。

要求は全部通ります。向こうの委員長に「本当にありがとう」と感謝したら、「あなたは要求する人。わたしは応える人」と言う。コーチ冥利につきるというやつです。あるとき、委員長から「上から陣形を撮るビデオが上海にあるけど、あなたにも必要か」と聞かれました。わたしは、「あったほうが便利といえば便利ですけれど、コーチがたくさんいるから、斜めから撮るビデオでもいいです」と答えました。なんだか貧乏くさいね。

そうしたら、天井をテレビカメラが移動する特殊なビデオ装置をつけてくれた。パソコンにつないであって、ひとり、技術者までつけてくれた。

ハンディのビデオを、チームのコーチだけじゃなく、デュエットのコーチにも持たせてほしいと言ったら、体育総局の倉庫に行って、すぐに持ってきてくれた。「はい、この紙にサインしてね」って。「あっ、そうですか」みたいなもんです。物だけじゃありません。「いついつからどこそこに合宿に行きたい」と言ったら、「わかった」ですから。しかも、「今年はオリンピックイヤーですから、あなたは代表選手をどの時期に中国選手権で泳がせたいですか?」と聞いてくる。大会スケジュールをこちらに合わせるというわけです。

リーダーはリーダーに徹する

中国体育総局の局長を筆頭にして、水泳連盟の会長やシンクロ委員長などは、みんなリーダーです。そして、リーダーはリーダーに徹しているんです。組織のリーダーの役割は何かというと、現場のコーチたちの力を発揮させて強くしてもらうことです。リーダーの人が現場のコーチたちの意見を聞いて、その願いをかなえてあげれば、コーチたちは力を発揮するわけじゃないですか。わたしがすごいと思ったのは、中国ではリーダーがそれに徹していることです。スケールの大きさというか、リーダーとはこうあるべきだということを、教えてもらいました。中国では本当にたくさんの素晴らしいリーダーに会いました。

現場はコーチに任せる。リーダーは、わたしの経験とコーチ力がほしかったわけで、どうしたらわたしが力を発揮できるかを考えてくれる。あなたは何が必要なのって。それで要求通りにしてくれるのです。

日本と中国は全然、ちがうでしょ。だから、わたしが困るのは、「中国と日本のスポーツ界の体制のちがいはどこですか?」という質問です。「えっ。それ、わたしが答えんの? みんなちがいます。全然ちがいます」と言うしかないんです。

異国で、コーチとしての技術が上がった

中国に行くとき、「日本の技術を敵国に売るのか」と批判されましたけれど、そんなもん、持っていっても中国の子には当てはまりません。選手がちがうし、その子が元々

持っている技術がちがうわけですから。

ノウハウのひとつとして、わたしのからだに染み込んだ教え方というのはあります。でもそれがそのまま中国でも簡単に当てはまるだろうと思っていたら、えらい目にあいますよ。当てはまるはずがない。そんなものが当てはまると考える人は、よその国で指導したことがない人でしょ。

要は、自分が技術として持っているものをどう応用し、どう中国の選手にいいようにアレンジするかが大事なんです。そうすることで、選手は豊かになるし、コーチも豊かになるんです。わたしから中国に一方的に渡すわけじゃない。中国で教えることで、わたしもコーチとしての技術が上がったと思うんです。何事もそんなもんですよ。持っている技術を応用していくなかで、両者がどんどん進化していく。例えば、「あっ、こういう選手もいるんだ」とわかるんです。

選手を前にしたとき、自分の言いたいことが一発で通じなければ、頭を使いますよね。工夫しますよね。そうやってコーチとしてのキャパを広げていくんです。ますます、何が起こっても怖くなくなりました。

チームワークのカナメはわたし

中国に行って勉強になったのは、チームワークのあり方です。シンクロのチーム競技って、チームワークそのものじゃないですか。わたしは中国に行くまで、チームというのはまとまった選手がいて、コーチがいるもんだと思っていた。その選手の中で、だれかがリーダーになって、みんなを引っ張っていく。あるいは、コーチと選手が力を合わせていく。それがチームワークのあり方だと思っていたんです。

でも中国という国は、省に対する意識が非常に強烈な国です。故郷を大切にする。奨励金も、国からのものよりも故郷からのもののほうがはるかに高い。だから選手は故郷の人たちをすごく大事にするんです。省単位の結束が強くて、その省の代表であるという意識が強いから、本当の意味でのナショナルチームになるのは非常に難しいんです。

だから中国では、本当の意味での選手のチームワークはないと思いました。日本のチームワークのように、選手がひとつになって、その横からコーチがサポートしていくというやり方は、まったく当てはまらなかった。

ということで、チームワークのカナメはわたし、扇のカナメはわたしでした。中国に行って、そんな形もチームワークのひとつのとり方なんだ、ということがわかりました。もうチームワークが全然とれそうにないチームでも驚かないね。自分がカナメになっちゃえばいいわけですから。

中国でも、選手たちにチームワークをとらそうと何回もチャレンジしたんですよ。でも気がつけば、省同士で固まってしまう。だから逆に、中国のような大きな国では、チーム競技には外国人のコーチが必要だと思いました。実際、外国人のコーチが多いでしょ。トップの人も気がついているんです。

中国って、チーム競技弱いでしょ。中国の人が「中国人はね、ひとりは強いの。ふたりになったら、ちょっと弱くなるの。三人以上になったら、ひどく弱くなるの」と言ってました。

例えば、わたしは、北京オリンピックのチームのテクニカルで顧貝貝を泳がせなかった。でもテクニカルが終わってから、貝貝を呼んで言いました。「あんた、明日は頼むよ。あなたは明日のヒロインよ」って。そしたら、貝貝は言うわけです。「わかった。先生、任しといて。わたし、ちゃんと飛ぶから」って。「よし、選手の心をつかんだぞ」みたいな感じです。でも、中国人のコーチはこんなこと言えません。言葉の問題じゃなくて、立場の問題なんです。

伝えようという気持ちがあれば伝わる

言葉の壁があるから、コミュニケーションできないなんてナシです。伝えようとする気持ちがあれば、真意は伝わります。言葉の壁なんていうのは、ただの言い訳です。

もちろん日本にいるときより、言葉は通じませんよ。日本の子相手のときみたいに、「もっとからだを締めなさい」と言うたかて、わからへんからね。「締めるってなあに？」から始まる。「締めるってこういうことよ」と体感させないといけない。手でこうかきなさいというのも、ちゃんと伝わらないから、プールサイドに上げて、自分の手で相手の手足を持って、「こうやって、このときに水を引っかけて」と教えるわけです。

悔しいことに、あの子ら手足が長すぎて、わたしの手が届かんかったことあるけどな。

こうやって、からだ全体で伝えようとしましたね。人間って工夫するものなんです。スピンなんかで「中心軸はもうちょっと右側に寄せて」というような難しい話があります。そんなとき、わたしはプールサイドの飛び込み台の上にうつぶせになって、自分の手で彼女たちの脚を中心から回したりしました。「こうやって中心軸を感じるのよ」って。

「言葉の壁」は工夫で何とかなる

要は、言葉のハンディや壁があっても、伝えたいという意志があれば、絶対に工夫するし、粘るし、わかってくれるまであの手この手を考えようとするんです。

日本人に日本語でしゃべっていても、伝わらないことって山ほどあるでしょ。それは何が何でも伝えてやろうという粘りがないだけです。コミュニケーションで大事なのは、伝えたいという気持ちですよね。

よく、理解してもらえないと嘆くコーチがいる。でもそれは、理解しない子が悪いんじゃなくて、理解できる子と理解できない子がいるのがフツーなんです。通じるのがフツーと思うからおかしくなる。最初から、言葉では通じにくいもんやと思っていれば何でもないのにね。

うまくいかないのがフツーです

何でもそうでしょ。仕事でも、うまくいってフツーやと思っているから、うまくいかないとたじろぐわけでしょ。いろんなことが起こるのがフツーやと思えばいい。すんなり、うまくいくことがあったら、ムチャクチャ、ラッキーやと喜べばいいんです。うまくいかないことがあったら、それを乗り越えていけばいい。解決していけばいい。それがフツーです。

日本に帰ってから、たくさんの人が「中国は大変だったでしょう」と言ってくれるけれど、メダルをとってくれというプレッシャーも、言葉が通じないことも、食べ物も中華料理しかないことも、全部承知で行ったから、どうってことありませんでした。「何でやねん?」なんてことは、まったくなかったですよ。

今はよく「何でやねん？」と言う人がいますよね。会社に入って「何でやねん？」「自分、こんな仕事をするつもりできてへんのに」って。でも、「これも経験させてもらっているんや」と思えばいいんですよ。そうして、「わたしはこのまま終わるのは嫌や」「いつか別のところに行くぞ」「次のレベルの仕事に回るぞ」と思って、そのままではもったいないと会社に思わせたらいいんです。

わたしは中国の選手にも言いました。「うまくいかなかったときは、人のせいにしないで、まずは自分の中に理由を見つけなさい」って。「言い訳とか、人のせいにしないで、自分で理由を見つけて解決していけばいい」って。それが問題を解決する近道なんです。

8章――――――

言いたいことは
我慢しない

「お愛想笑い」と「あいさつ」と「ありがとう」でチームを変える

井村雅代が北京に行ったのは、世界選手権（二〇〇七年三月、豪州メルボルン）の三カ月前だった。強化しようと思ったら、中国選手には練習に耐え得る筋力が備わっていなかった。ハードな練習をすれば、すぐに故障を起こす。

世界選手権まで、もう時間がありませんでした。そこで、まず「中国が変わったぞ」と周りに思わせるために、「お愛想笑い」と「あいさつ」と「ありがとう」を教えました。

北京五輪が終わって、わたしが帰国するとき、選手が「先生、もうお愛想笑いは慣れました」と言ってくれました。でも、やはり最初は照れくさかったって。中国の文化から来ているんですけれど、みんな仏頂面《ぶっちょうづら》で愛想がないんです。まずそこから直しました。

わたしが言う「お愛想笑い」というのは、口をきいたことがない人に対しても、名前を知らない人に対しても、ちょっと笑っていい印象を与えることです。

シンクロなんか、会場に行ったら、これは試合をしに来ている人やとか、シンクロファミリーやって簡単にわかる。だから、そういう人に対しては笑いなさいと教えました。もちろん、大会のボランティアでも、どこの国の人かわからなくても、笑ったらいい。お愛想笑いをしたらいい。気を悪くする人はいませんから。

そうすることで、心も変わっていきます。国際舞台に放り出されたときにも、怖くなる。外国人と会っても、怖くなくなるんです。例えば、ホテルのエレベーターとかで、外国のチームが乗ってきて、パッと目が合ったら、ニコッと笑えばいい。それだけで空気がやわらぐ。逆にブスッとしていたら、ものすごく居心地が悪くなりますよね。わたしもエレベーターで外国人が乗ってきたら「ハロー！」とかなんとか言いますよ。そのほうが居心地がいいです。

でも中国では、お愛想笑いもあいさつもなかったんです。何かをとってあげても、「ありがとう」も言わない。そういうときは必ず「あれ。ありがとうは？」と言っていました。体育総局の練習場までのシャトルバスでの「おはよう」から始まって、事あるごとに「ありがとう」と言わせました。『ありがとう』は必ず、言いなさい」ってね。

だって、「ありがとう」は魔法の言葉じゃないですか。「ありがとう」と言われて、怒

ります か？　怒らないでしょ。だから、みんなに「魔法の言葉を使いましょう」って。『ありがとう』で魔法がかかりますよ。だから何かしてもらったら、『ありがとう』って言いましょう」と言い続けたんです。

強いだけじゃダメ。応援されることが大事

大事なのは、世界中のジャッジ、世界のチームのコーチや役員に応援されることです。そういう人たちに、「中国チームはがんばっているよね」と思わせないとね。人に伝わることとって、すごく速いんです。ジャッジにゴマをするのではなく、外国人に応援されるように行動しないといけない。とくに採点競技では、そういう選手じゃないとダメなんです。

最初の世界選手権のとき、会場の選手用ラウンジに行ったら、中国の選手が空いているテーブルを全部使っているんです。十個ぐらいの丸いテーブルを、ふたりでひとつずつぐらいとっている。ほんとびっくりしました。わたしは「荷物をこっちに寄せなさ

い！」「ここを片づけなさい」と怒りました。「空いているからって全部使えるわけじゃないのよ」と、三つのテーブルにまとめさせました。これは国際的なマナーです。あとで、中国人の国際審判の人がわたしのところに来て、英語で「本当にありがとう」と言う。「シンクロの技術だけでなく、こういうマナーを教えてくれてありがとう」って。

あと、中国人のコーチが疲れたからって廊下で寝ているんです。ほかの国の人たちがどんどん通るようなところにビニールシートを敷いて寝ている。「悪いけど、コーチ、そこで寝ないで。寝るなら、更衣室で寝てきなさい」と怒りました。選手が寝ているほうがまだかわいいよ。

とくに採点競技は、強いだけじゃダメです。あいさつ、お愛想笑い、いい雰囲気、そしてマナーも重要です。要は、応援されることが大事なんです。「へっ」と思われるようなチームはダメなのよ。マナーでも何でも一流じゃないと、世界では勝てません。

根っこの部分はさわらず、うわべだけをいじった

お愛想笑いとあいさつだけではなかろうが、中国チームは世界選手権で四位に食い込む。日本は三位。中国にとっては史上最高位の成績だった。

正直言うと、中国に行ったとき、中国選手を見てがっかりしたんです。最初、わたしは張り切って行きました。中国の子は手足が長くてからだがやわらかい。よしランドドリルからきっちりやって、しっかり合わせて、世界選手権に出すぞ、と思っていたんです。それがランドドリルを五分、十分やったら、「肩が痛い」「足が痛い」と言い始める。「合わせ方や同調性の仕方を教えよう」としたら、五分ぐらいで「ひざが痛い」とか言い出す。「こいつら、なんやねん」と思いました。教えたいことがいっぱいあんのにって。

練習の二、三日目に、キャプテンを呼んで、「みんなの故障箇所を一覧表にしなさい」と言ったら、十三人のうち、十一人が故障していたんです。

よく見たら、肩甲骨の高さはずいぶんちがう、ひざのお皿は筋肉がないからガタガタ動く、そんな子ばっかりでした。「体を締めて」と言ったら、五分で「イタッ」ですから。これではまともな練習ができない、と思いました。

そこで、まずは中国のイメージを変えることに専念したんです。世界選手権では、元気な、勢いのあるチームだという印象を残そうと思いました。要するに、根っこの部分はさわらないで、うわべだけをいじったんです。「この足だけは気をつけなさい」とかね。

あの世界選手権は「戦った」んじゃなくて、「切り抜けた」みたいな感じです。手足のキレも、まだ本気では強化できませんでした。インナーマッスルが使えないんだから。上げた脚をピシッと合わす力を、一瞬でいいから出させる。「ちょっと我慢して、耐えときなさい」みたいな感じです。

水着でも勝つ

そうやって、世界選手権はうわべだけで戦いました。とにかく明るく振る舞わせました。チームの雰囲気を大事にしたんです。

前にも言いましたが、練習の水着から、明るい水着を着るようにしました。人間は、暗いものを着たら暗くなります。それまでは、無地の練習着を着ていたのを、わたしが「ダメ」とやめさせました。

目立つ水着を着たら、見られます。視線を浴びます。視線を浴びたら、視線に慣れてくる。シンクロでは、それがすごく大事なんです。わたしは水着に関しては、最後の最後まで文句をつけました。

ふだんの服装も一緒です。自分が暗くなりそうなときには、あえて明るい色の服を着るんです。

ついでに言えば、北京五輪の本番のときの水着は張芸謀《チャンイーモウ》の開会式の衣装担当の人にデザインしてもらいました。一流のものを着るって大事なんです。やっぱり外からも攻めていかないといけない。そこで自信を持たせることができるわけです。「どこその国に水着が負けている」なんて、選手に思わせられないでしょ。

オリンピックというのは集大成の場ですから、選手に力を与えられることは、何でもしました。

わたし自身も、いざというときには、すごくバリッとできる人間でありたいと思います。日本人って、バリッとできない人が結構いるじゃないですか。いつも〝そこそこ〟の服装の人が多いように思います。いざというときには、バリッとしないとね。そういうところは、アメリカ人なんかを見習わないといけないと思うんです。

例えば一流のパーティーで、自分だけみすぼらしかったら落ち着かないじゃないですか。いざというときはバリッとする、そんなふうにありたいなと思っています。

そっちのほうが、人生にメリハリがつきます。自分がすごく生き生きしていられると思うんです。ここぞというときは、思いっ切りおしゃれできる。ピシッと歩ける自分でありたいな、と思っています。

強いチームは明るくて活気があります。

これは社会でも共通していますよね。会社でも業績のいいところは活気があるでしょ。社員が胸を張って歩いている。下を向いて歩いていない。あいさつしても、ちゃんと返ってくる。物怖《ものお》じしていない。学校も一緒だし、シンクロもそうです。

だから、そういう印象だけは世界選手権で残して帰ろうと思いました。みんなにはこう言いました。「日本からコーチが来て、次の年には北京オリンピックがあるんだから、周りはみんな楽しみにして注目しているよ。だから、わたしたちは、これから強くなるぞという気配だけは残して帰らないとダメなの。それが世界選手権の大きな目的なの」って。

何かやり残した状態で試合に出したくない

そういえば世界選手権で、中国のコーチたちがわたしのことを見てびっくりしていました。わたしがかばんからいろんなものを出すからです。

演技の直前、選手たちは小さな手鏡でメイクをしています。そんなとき、わたしは大きな鏡を「はい」と出す。メイクがよくなかったら、わたしの化粧品をかばんから出して顔に塗ってやる。

わたしは最後まで、髪のピン一個のつけ方なんかもすごくこだわります。最終招集所に行っても、じつはわたしのポケットの中には、メイク道具からピンまで全部入っています。なかには緊張で泣いてしまって、メイクが落ちる子もいるし、ウォームアップで泳いだら口紅がとれる子もいる。髪の毛がホワホワになる子も出てきます。

中国のコーチたちから「どんなふうに選手を送り出すのか、すごくよくわかりました」と言われました。

なぜ、そこまで準備しているのかというと、何かやり残した状態で試合に出したくないからです。わたしは自分の選手に、いつまでも大切にしておきたいような映像を残してやりたい。だから、できる範囲内で、その子を一番輝かせてやりたいと思っているんです。

わたしは自分のクラブをつくったときから、いろんな道具の入ったかばんを持ち続けています。選手のために、自分の中に悔いだけは残したくないからです。

言い訳やフォローの言葉は考えない

時々、負けたときの言い訳やフォローする言葉を考えているコーチがいますよね。それはその人に自信がないからだと思います。わたしはそんなの、考えません。

言い訳とフォローの言葉を考えたら、その言葉が役に立つようになるんです。わたしも昔、そういう言葉をちょろっと考えたことがあります。あとから振り返ると、その言葉が〝役に立った〟ような気がします。だから、そんなん無駄やということに気がついたのね。

じゃあ、ずっと成功ばかりしてきたのかといったら、やはり半分は失敗してきたんです。フッーは成功、失敗、五割ずつでしょ。でも失敗するときのフォローの言葉や言い訳を考える暇があったら、選手を成功させるため、進歩させてあげる方法を考えるほうが大事でしょ。

では、負けたときはどうすればいいのか？　そのときは、ひとりの人間になればいい。その子が一生懸命やって、本当にいい演技をして負けたら、一緒に泣いてあげればいい。もしその子が、自分が思っているような泳ぎをしてくれなくて、力を出し切れなかったら、なぜ力を発揮できなかったのかを考える。練習不足やったら、「あんたが練習不足やから、試合で力を出されへんねん」と怒ればいい。練習の詰めが甘いと思ったら、その通りに言ってあげればいい。演技を見て、その子の足らないところが見えたら、そこを指摘してあげればいいんです。

悔しかったら一緒に考えればいい

一九九四年、ローマでの世界選手権、ソロの奥野は『夜叉の舞』で銀メダルを獲得した。日本人の中でも小柄な奥野が演じたのは、女のおどろおどろしい情念。それまでのシンクロの常識を覆すものだった。

その世界選手権の前年のワールドカップのことです。奥野は『エビータ』を泳いだんです。いい演技だったのに、点数が出なかった。三位にも入れませんでした。

そのとき、わたしは奥野に「あんたの演技は素晴らしかった」と言いました。本当にそう思ったんです。そうしたら、あの子は余計に泣くわけです。あの子も、メダルがないなんて自分を許せなかったんです。

わたしが思った通りの演技をして、なぜ、こんなに低い点数しか出ないのか。なぜ低い順位なのか。わたしもわかりませんでした。だから、あの子に正直に言いました。「なぜ負けたのか、わからない。その代わり、わたしも勉強するから、もう一回、一緒にやろう」って。自分にはその言葉しかなかったんです。

じつはそのとき、奥野は「うん」と言わなかった。「一緒にやろう」と言ったら、フツーは「うん」と頷くはずなのに。

だから、次の策を準備して、「こういうふうにするから、もう一度やろう」と言わなアカンと思ったんです。

あの演技のあと、奥野に声をかけてくれる人はだれもいなかった。声をかけられないくらい、かわいそうだったからです。演技は素晴らしいのに点がつかなかった。

それで、大会最終日の夜のパーティーのとき、わたしは他の国のコーチや審判たちに、なぜ点が出なかったのか、聞いて回りました。だって、だれかからアドバイスをもらわないと、次に奥野をどういうふうにすればいいか、わからなかったんです。

本当にいっぱい聞いて回りました。負けてんのやから、そのまま帰るのは損でしょ。世界一になっていたら、だれも教えてくれるわけがないけれど、逆でした。あの子はメダルを狙って、メダルをとれなかった。わたしとしたら、不本意な結果だったんですよ。

そうしたら、みんな「素晴らしかった」「そうですか」と言うんです。「すごい技術だ」「よく泳いだけど、残念だった」って。そんなん「そうですか」で帰れないでしょ。だから、「もしも奥野があなたの選手だったら、次はどう教えるの？」と食い下がった。徹底的に食い下がったんです。

つたない英語でも必死に話していましたから、わたしが褒め言葉を待っているんじゃない、慰めてほしいんじゃないってことがちゃんと伝わっていたんでしょう。奥野を次にどうすればいいのかのヒントを得たがっていることを、わかってくれたんです。

メキシコのコーチなんか、わたしと一緒に泣いてくれました。

それで結論は、もう技術はそのままでええ。技術は世界一なんです。でも表現力はダメ。笑い合いをしたら、スマイル競争をしたら、ロシアやアメリカ、カナダに負ける。もしかすると、奥野の得意な技術だけで勝負しようとしていて、苦手な表現力を避けようとしていたのではないか。そんなことに気づきました。

『夜叉の舞』を演じる奥野（共同）

日本人のパーツの小さい顔ではアカン。目や鼻や口が小さい、日本人のフラットフェースじゃ勝負にならん。じゃあ、笑い合いで負けるなら、笑うのをやめようか、となったんです。

あの当時のシンクロは笑う時代やったけど、笑い合いで負けるのなら、芸術性を高めるために感情を出さずにできないやろかって思ったんです。それでまた、ダンスの先生に相談したり、いろんな人に意見を聞いたりしました。それが次の年の『夜叉の舞』につながっていったんです。

芸術性にはいろいろあります。芸術は永遠、音楽は永遠、だからシンクロは永遠なんです。

料理量りで見せて教える

話を中国に戻す。井村は三月の世界選手権を切り抜け、選手たちは四月の中国選手権でそれぞれの故郷に帰った。五月から、井村は本気で強化に乗り出した。

練習と同時に大切なことは、食べることです。中国に行って、一番最初に買ってくれと言うたのが、体重計と料理量りでした。

中国では、シンクロがダイエット種目になっていました。でも、それはちがう。わたしは、彼女らの身長から目標体重をそれぞれ設定し、どんどん食べさせた。蔣姉妹以外は、全員目標体重より四キロぐらい下でした。蔣姉妹に至っては五、六キロ細かった。

ダイエット種目が、急に食べろ、食べろの増量種目になったから、選手たちはずいぶん苦しかったみたいですね。選手たちはおなかがすかないようになっていたんです。胃が小さくなっていた。それが食べろ、食べろですから。

合宿所の食堂はバイキングスタイルです。それまでお皿とボウルだけだったのを増やしました。肉のお皿、野菜のお皿、ご飯を入れるボウルみたいにしたんです。朝から一緒に食事に行って、まずトレイへの載せ方を教えました。

例えば練習後、あの子たちはケーキや果物から食べ始めようとする。「それはダメや」と怒りました。「まずはタンパク質、炭水化物をいっぱい食べて、それからケーキや果物を食べなさい」ってね。

例えば肉だったら、ちゃんと骨をとらせて、料理量りに載せて、あなたは肉を二百五十グラム、あなたは三百グラム食べなさいって言い続けました。骨つきの二百五十じゃない、肉だけの二百五十です。

最初、あの子たちは骨つきの肉をそのまま量っていた。「ダメや。お皿にたくさん骨つきの肉をとってきても、骨をとったら、肉は全然残らへん。肉だけまとめたら、たったこれっぽっちや」と言い続けました。

食生活のちがうところに飛び込むって、本当に大変です。だから、目で教えようと思って、料理量りを使ったんです。「タンパク質の肉はこれだけで何カロリー」「炭水化物は何グラム必要」「骨をとった肉はこの量だから」と目に見えるようにして教えないとダメなんです。

わたしは、唯一トレーニングコーチだけ、日本から中国に一緒に行ってもらいました。

食事の指導は、そのコーチとふたりでやりました。だって中国のコーチは全然興味がないんです。

あの子たちはわたしの言うことは聞く。栄養士の先生もいたけれど、その先生の言うことは聞かない。チームドクターの言うことも聞かない。それは選手たちの社会的地位のほうが高いからだと思います。

例えば、プールからの帰りのシャトルバスの中で、選手が綿棒で耳の水をとっていた。「あのね、危ないから、バスの中で耳に綿棒を使ったらダメ」とわたしは注意しました。で、チームドクターに「余計なことを言ってごめんなさい」と言ったら、「いやいや。先生が注意してください。わたしの言うことは聞かないから」って。

練習後にアイシングもしないから、「アイシングしなさい」と注意したこともあります。同じ中国でも、競泳にはそういう知識があっても、シンクロには全然なかった。アイシングの仕方も全部、教えました。

胃が大きくなれば、うまく循環する

最初、選手はあまり食べられなかった。でも何カ月かした頃に、「先生、練習中におなかが減るようになりました」と言ってくれました。胃が大きくなっていったんです。

それで、上の人に頼んだら、毎日、プールサイドにちがう味のスープを届けてくれるようになりました。鶏がらとかあわびとかが入っているカロリーの高いスープです。飲《ヤム》茶《チャ》みたいな蒸したものも出してもらった。

胃が大きくなったら、筋力もついてきます。胃が小さいまま、体力をつけるのは無理ですよ。選手にとって、胃を大きくするのは大事なことです。

胃が大きくなって栄養がとれるようになり、筋力がついて、練習ができるようになりました。練習量が増えたら、上手にしてあげられる機会も増える。たくさん練習したら、あの子たちの力もどんどんついていく。うまく循環するんです。

それまでは「背が高い」「手足が長い」だけで、それがシンクロでは何の役にも立っていなかったけれど、だんだんいい選手に変わっていった。

ポイントは胃の大きさです。そのために五月から六月の真ん中までは我慢しました。

早く水中トレーニングを始めたかったけれど、筋肉がなかったらアカンねん。ひたすら我慢して、陸上トレーニングさせました。

一カ月あれば筋肉はできます。プロテインなどを飲ませて、胃のトレーニングを続けました。夜のトレーニングのあとは夜食を食べさせなアカン言うて、準備してもらいました。

中国って大きな国だから、各地域によって味つけがちがう。四川省は辛くて、広東省はちょっと甘め。わたしが住んでいたアパートの下のほうには、四川省や広東省など、各省の部屋がそれぞれある。そこに独自のトレーナーやマッサーが待機している。その部屋に行けば、故郷の人がつくった故郷の味が食べられるんです。例えば、四川省の選手は、夜食として、四川省の部屋に行って、四川省の味つけのメンを食べたりしていました。

ただし、ドーピングの問題があるから、材料は外から持ってきたらダメなんです。とにかく、すごいサポートです。ナショナルチームで手が足りなかったら、出身の省でサポートしましょうという体制なんです。だから、選手たちはたまに故郷の味を楽しむことができる。

故郷の味っておいしいじゃないですか。わたしが、東京のうどんより、大阪のうどんのほうをおいしく感じるのと一緒です。

ウソは許さない

食べ物のことでいえば、じつは井村はご飯をめぐって激怒したことがある。二〇〇七年の六月、本格的な強化に入った頃のことである。井村が中国で烈火のごとく、本気で怒ったのは、この「食事捨て事件」と、前述の「十分遅刻事件」、それから、蔣姉妹が、食事の管理をしてくれていたコーチに対して生意気な態度をとったときの三回である。

選手は疲れて食欲がなくても、食べないといけない。わたしの指示に対し、あの子たちは「ノー」とは言えない。

それでも一度こんなことがありました。まだ十分に胃が大きくなっていない頃、苦しくて食べられなかった子が、ヨーグルトの中にご飯を隠して、捨てようとしたんです。

わたしは勘でわかりました。すぐに飛んで行って、ご飯を見つけて、「これは食べないとダメ」と怒ったんです。

テーブルでは五、六人が一緒に食事をしていました。「ご飯を放ろうとしたのを見て、どうして許しているの？」と聞いた。そうしたら、「わたしは知らなかった」と言うんです。

わたしは、それでキレてしまった。その子がご飯を放ろうとしたことよりも、そのウソが許せなかった。真横で一緒にケタケタ笑いながら食べてて、知らないはずはないでしょ。

わたしは「みんな、何をしてもええけど、ウソをつくのは許せない。何のために中国に来たかわかんない」と言うて、ものすごく怒ったんです。

そうしたら、翌日シンクロ委員長が出てきて、選手にいろんな反省の言葉を言わせて、手を差し出して、「だから、がんばろう」とやろうとした。わたしは「嫌や」と言いました。「わたしはあなたがたを信用できない」とはっきり言ったんです。わたしはあなたたちを信用していたのに、だまそうとした。「今日は練習する気にならないから」と、トレーニング場からアパートまで歩いて帰りました。

選手たちはミーティングして、謝りにきました。リーダーの子はわたしが犬好きだと知っていたから、謝罪の手紙と一緒に、インターネットから犬の写真をいっぱい集めてきてくれました。で、「先生、本当にごめんなさい」って。何人もが手紙を持ってきた。「先生を裏切ってすいませんでした」って。蔣姉妹も謝ってきました。

「次、約束を破ったらどうするの?」と聞いたら、「もう代表選手をやめます」と言う。ある選手は「もう一回、同じことをしたら、わたしは故郷に帰ります」と決意を書いてきました。

ウソをついた選手は、故郷のリーダーに「井村先生を怒らせてしまった」と相談したらしく、すぐに省の責任者が飛んできました。「もう一回だけ、チャンスをくれ」って。

わたしははっきり言いました。

「わたしはあなたがたを信用していません。これから、あなたがたの行動を見て、信用するかどうかを決めます。下手なのはいいけれど、ウソまでつくとは思わなかった」

今思うと、すごいことを言ったもんですね。

この一件で、チームの雰囲気が変わりました。でも中国の子に対しては、「あなたがたが変わったと信じるけれども、まだ信用はできません。言葉はもう結構です」と宣言しましたよ。

言いたいことは我慢するな

オリンピックイヤーの三月、体重維持のできない蔣姉妹に対してキレました。「なぜ自分からもっと食べようとしないの。胃が痛いからって食事を抜くような選手が、オリンピックでいい成績がとれるはずがないでしょ。それぞれの選手には、それぞれ越えなければいけないことがある。ふたりは食べること、体重を増やすことが最大の課題でしょ。つらくても食べて、いい成績をとる気がないなら、私はデュエットに力を入れるのをやめる」と言いました。そして、「無理してでも食べるか、好きなように食べて成績はどうでもいいか、選びなさい」と迫りました。そうしたところ、「頑張って食べる」と答えたのですが、それから一月も経たないうちに、食事の管理を手伝ってくれているコーチに対して生意気な態度をとったので、大爆発したのです。夕食の管理をコーチに頼み、わたしはプールで練習をしていたときの出来事でした。

四川省の上の人たちも、蔣姉妹に対しては、当たらず障《さわ》らずの態度しかとりません。四川省では、水泳種目で良い成績をとっているのがこのふたりだけだからでしょう。ふたりにとって怖いのは、どうやらわたしだけのようでした。

わたしは、頭にきたら我慢せずに怒ります。絶対、我慢しない。

自分が本気で思っていることは、我慢することない。「あんなことされるのは嫌や」と思うことがあったら、それを我慢するのはいいことじゃない。

わたしはよくこう言います。

自分のおなかから出てきた子どもでも、ひとりの人間になったら、それは自分とはちがう人間です。だから、自分の子どもだからといって、自分の言っていることをみんな理解してもらえるとか、自分の思いをわかってもらえるというのは大きな間違いです。親子であっても、必ず、思ったことは言わないとダメです。「わたしは嫌なんだ」「ものすごく傷ついた」と言わないとダメでしょ。自分ひとりだけで傷ついて何も言わなかったら、なんもならん。

わたしは正直に言います。中国の子にも言いました。「なんであんたたちみたいにウソをつく子に教えなアカンの。中国を指導すると決めたとき、日本でいっぱい嫌な思いをして、ボロクソ言われて、そのなかを振り切って中国に来るだけの価値はなかった」と言ったもん。シンクロ委員長もビックリしていました。

言いたいことを我慢していたら、人間関係がもつれだす。もつれるのがダメなんです。ちょっとぐらいのうちゃったら、まだ解けるやないですか。それが人間関係だと思うんです。

自分の思いは、嫌なことは嫌とか、おかしいことはおかしいと言いなさい。

ただし、偉そうに言ったらダメです。フッーの言葉で、丁寧な言葉で、「わたし、それされたら嫌なんだ」とか「今のことで自分はすごく傷ついている」と言わないとダメです。

相手がわかってくれているというのは、無理です、幻想です。親と子でも一緒です。長い間、一緒にいてても、ちがう人間なんやから、「わたしはこう思う」「あれはおかしいと思う」と言えばいいんです。

9章――――――

二晩の勝負

一世一代のお愛想笑い

二〇〇八年北京五輪本番。

シンクロの勢力図は、女王ロシアと芸術性豊かなスペインの二強が抜け、三つ目の銅メダルを日本と中国が争う格好となっていた。

競技一日目、中国はデュエット種目のテクニカル・ルーティンで蔣姉妹が致命的なミスを犯して四位スタートとなり、そのまま四位に終わった。

五輪前の四月の国際大会では日本ペアを上回り、実質メダル圏内につけていた中国エースコンビのまさかの失敗だった。いわば自滅である。デュエット、チームと二種目でメダル獲得を狙っていた井村雅代ヘッドコーチは、プールサイドで嘆いた。「あんな下手な演技は一年以上見たことがない」と。「でも、わたし自身が本当に許せなかった」とも。

オリンピックは、やはり経験込みのものなんだと思いました。デュエットの失敗のとき、こんなことってあるのかなと思いました。経験を積ますため、あの子たちだけを連れて、スイスオープンやローマオープンなどに行ったけれど、結果的に、それでも足りなかった。
蔣姉妹は、ふたりともちょっと気が弱いんです。練習ではありえないようなミスでした。考えられなかった。
「ああ、この気の弱いふたりは練習だけで上手にするんじゃなくて、いろんなところで勝たす経験がもっと必要だったんだな」と思いました。勝って自信をつける経験が足りなかったんです。

井村はしかし、テクニカル・ルーティンの演技後、プールサイドで笑っていた。本音か強がりか。たしかに笑っていた。

あれは「お愛想笑い」です。わたしの一世一代のお愛想笑いです。演技を見ながら、「あああ〜」って。中国のコーチは黙っていたけれど、わたしは自分の手からメダルがポロッと落ちたことがわかりました。だってチャレンジャーがだれが見てもわかるような失敗をしたら、勝てませんよ。わたしの手からメダルが完全に落ちましたね。相手国に関係なく。

こけた瞬間、「これでデュエットのメダルはないわ」と思いました。でも、会場にはマスコミがいっぱいいる。どっちみちメダルはとれないけれど、お愛想笑いを選手たちに教えてきた自分にすれば、一世一代のお愛想笑いをするしかなかった。

テレビを見ていた日本の人からも「先生、すごい笑顔でしたね」と言われました。そりゃそうや、一世一代のお愛想笑いだもの。でも、じつはものすごく冷静でした。もう次のことを考えていました。

すぐに考えたのは、二日目のデュエットのフリーのときは暴れたろ、粘ったろ、ということです。逆転できるとは思ってなかったけれど、粘ってやろうと思った。そうしたら、フリー予選では、日本ペアと同点になった。スーッと引き下がるのは嫌で、最後のあがきをしてやりたかったんです。ファイナル（決勝）では、中国は日本の下になってしまったけれど、もうメダルはないと思っていたので、とくにショックはなかったですね。

デュエットのフリーの粘りは、次のチームにはつながりません。中国のほかの子たちは、四月の時点でメダルが見えたふたり（蔣姉妹）が負けたことで、恐怖心が芽生えたと思います。フリーで粘っても、チームとは別ものなんです。

みんなをバラバラにせんとこうと思った

チームに向けて、まずみんなの恐怖心をとり除かなければいけなかった。あの子らが怖がっているのがわかりましたから。

何を怖がったかというと、（蔣）文文みたいに演技中に失敗するんじゃないかということと、ファイナル（決勝）のときの日本と中国の点を見て、ああいうふうに点数をポーンと分けられてしまう国際ジャッジの動きに対してのふたつです。

でも、わたしは考えてもしようがないことは考えない。終わったことは終わったこと。デュエットが終わったらすぐにチームの練習を始めたんです。

チームの雰囲気は暗くなっていました。ここはわたしのコーチ哲学の原点に戻るしかない。そう、練習です。そして、彼女たちはオリンピックを怖がっているから、バラバラにせんとこうと思った。ひとりになると、いろいろと考えてしまうから。

勝負師の本領発揮だった。デュエットから一日の休養日をはさみ、チーム競技のテクニカル・ルーティンが始まる。シンクロという採点競技で、「三位日本、四位中国」の流れを変えることは至難の業である。

だが、井村は窮地で全身全霊をかける。その二日間、井村は自身のコーチ哲学の原点に戻り、選手たちに厳しい練習を課した。

調子がいいときは別に何もしなくていい。フィーリングがいいから、そのままやればいいんです。

でも、何かが起きたときはどうするか。試合のときに支えとなるのは、自分たちが何をしてきたかなんです。それ以外、選手を支えるものはないんです。

だから、試合までまだ時間があるのなら、その時間の許す限り、練習させることにしました。「わたしはあきらめない。引いてたまるか。このままでは終われない」と思ったんです。

でも、ほかに支えてくれる人はだれもいなかった。中国の人たちは経験がないから、どう動いていいかわからない。

中国の水泳連盟の会長からは、「四位でも立派な成績です。中国の歴史に残ります」と言われました。ただ、こうも言われた。「あなたは何回もオリンピックに出た経験があります。中国ではだれも経験がない。だから、あなたにお願いします」と。わたしは答えました。「わたしは粘るから、見といてください」って。

それからのツーナイツ（二晩）が勝負です。すごい時間でした。いま考えても、すごい時間だったなあって思います。相談できる人はだれもいない。自分ひとりでやるしかなかったんです。

シンクロで国の順位を変えるのは至難の業です。でも、絶対できないというわけではない。わたしは一％でも可能性があったら粘ります。

まず選手たちに言ったのは、「デュエットは終わり。チームに行くよ」です。

すぐに会場のサブプールで練習を始めて、選手村に戻ったら、「さあ、外に出ましょ」と言って、一番人通りが激しいところでランドドリルをやりました。なぜ、わざわざそんなことをしたのかというと、あの子たちの怖さをとり除きたかった。シンクロって見られる競技だから、失敗すると、人の目が怖くなるときがあるんです。そこで、一番人が通るところに行きました。選手村の住居スペースの入り口あたりです。競技の終わった選手は暇やから、立ち止まって見てくれる。結構、拍手もありました。だんだん「オオ～」なんて声も出るようになった。

結局、夜の九時ぐらいまでやりました。あの子たちも、最初は表情が硬かったけれど、だんだんフツーに戻っていきました。終わったら、彼女たちはシャワー浴びて、寝るしかない。

一番大事なものは、何ものも恐れない攻める気持ち

選手をひとりにしたら、やはりデュエットの戦いが頭に浮かんできたと思います。練習させることで、考える余裕をなくすことができました。

翌朝は、八時には選手村を出ました。また練習です。事前に中国のコーチに「どこどこのプールに行って練習するから」と言うて、プールを確保してもらっていました。

人って、弱気のとき、自分と同じ思いの人がいたら、安心できるじゃないですか。だ

から一緒にしておいたほうがいい。とくにあの子たちはオリンピックの経験がないから、いろんなことを想像してしまう。例えば、「あの双子がこけてんから、わたしたちもこけて当然やろう」とかね。

その休養日の公式練習は、夕方やったと思います。その公式練習まで、朝八時から出て行って、国家訓練局のプールで、午後一時すぎまで練習させました。翌日が競技なのに、まだやるのかって、中国のコーチたちも驚いていました。そんなもん、過労でもよろし。試合の一曲ぐらい泳げますって。

国家訓練局での練習が終わって、宿舎で三十分ぐらいボーッとさせて、そのままウォーターキューブ（水泳会場）に行きました。で、公式練習をやって、終わったら、選手村でご飯を食べさせて、またランドドリルをやりました。絶対、ひとりにさせなかった。ひとりになるときは寝るときだけです。

あの子たちは、もうくたくただったでしょう。でもエネルギーがなくても、気持ちで泳げるはずです。選手たちに必要だったのは、体力の温存ではなく、自信でした。何ものも恐れない、攻める気持ちだったんです。大事なもののランクをつけたら、一番は体力ではなく、攻める気持ちです。

緊張しているとき、大事なことはフツー通りにすることです。いつも通り練習することです。

わたしは、何をしてやったら、彼女たちが持てる力を発揮できるだろうかということばかりを考えていました。だから、あのツーナイツの間、いつ起きて、いつ寝て、何を食べたか、全然覚えていないんです。

相談できる人がいない。愚痴る人もいない。中国のコーチは、わたしが怖くて近寄らない。戦いが怖すぎるから、デュエットの結果も「仕方ないよ。いいよ」なんていう世界になる。よくあるかい、メダルをとりにいって四位になったんだから。「歴史に残る成績だよ」とか言われて、まとめに入っていいのかって。わたしには絶対許されないことでした。

寝られなかったら起きとけばええ

わたしは二日間、まったく熟睡していなかったと思います。無理して寝ようと思っても、目が冴えるときってありますよね。寝られないってすごく苦しいでしょ、つらいでしょ。

わたし、寝られなかったら、寝ないのね。寝られなかったら、ずっと起きといたらええねん。なんかしたらいい。心身とも疲れ切ったら、人間のからだって自然に眠たくなるんです。たぶん、寝られないのに寝ようと思うからすごくつらいのね。

寝られないと、自分が怖くなる。「どうしよう。寝られない、寝られない」と思ってしまう。自分が異常に緊張していることや、本当に怖がっているんじゃないかということが不安になる。わたしはそんなことは考えない。寝られないなら寝ない。深夜二時頃、食堂に行って、なんか食べてたんちゃうかな。でも、全然記憶がないわ。

北京五輪の選手村の部屋のベッドの枕元には、それぞれ絵が飾られていた。大きさはタテ三十七センチ、ヨコ五十二センチ。色もカラフルに塗られていた。北京の子どもたちが真心を込めて描いたものだった。

大会が終わると、選手たちにギフトとしてプレゼントされた。

唯一の相談相手だったパンダの絵

選手村の部屋に一枚のパンダの絵がありました。すごくかわいらしい絵でした。色も塗ってあって、ほのぼのする表情をしていました。木の額縁に入っていました。五輪マークもついている。二日間、相談相手もなく、ひとりで考えていたとき、よくパンダの絵を見ていたと思います。わたしの唯一の相談相手というか、わたしを見つめていてくれた。それでホッとしていたんやないかな。すごく助けてもらったような気がします。

北京五輪が終わって、その額縁に選手たちのサインをもらって、日本に持って帰ってきました。

プレッシャーなんか、とことん感じればいい

チーム種目のテクニカル・ルーティンで、中国は陸上動作で颯爽とカンフーポーズを決めた。大声援のなか、演技を開始した。

中国の選手たちに、デュエットのショックは残っていなかった。

中国の選手が演技をし始めたとき、驚いたでしょ。「二日間、何をしたんだろう」って。ほんと、コーチってペテン師、詐欺師みたいなものですよね。

「プレッシャーを感じないようにするには、どうすればいいんですか」ということをよく聞かれます。プレッシャーなんか、とことん感じればええねん。そうすれば、がちがちになっても、何にもならないことに気がつきます。

それを突き抜けないとダメなんです。こんなに緊張して、何の役に立つんだろうと思えるようになるから。そうやってアホらしく思うまで、緊張したらええ。

緊張するって何なのって考えたらええ。プレッシャーを感じて、緊張しまくるって何なの、そこで自分は何ができるのって自問自答してみてください。緊張したかて、今の

力が倍増するわけじゃない。そんなん無理なんやということに気がつきます。結局、そのときの力を出すしかないと開き直れます。

わたしはコーチだから、あの子たちに力を全部出させるために、どういう練習をして、どういうふうに声をかけてやったらいいのかを考えます。だから本当に冷静になれる。一仕事人に戻れる。

プレッシャーなんて、感じればいい。負けたらどうしようなんて、考えなければいい。考えても、どうしようもないもの。とことんプレッシャーを感じたら、結論が出ます。今の自分の力を出す以外に方法がないことに、気がつくんです。

最後の最後にどういう言葉をかけるか

わたしの最後の大仕事は、試合直前に選手に声をかけることとです。どうやったら、あの子たちが力を出してくれるだろうかと考えます。

チームのテクニカル・ルーティンには、十七歳の子もいましたし、練習でがんばらないで、試合でがんばりすぎる子もいます。だから、ひとりずつちがう言葉をかけました。試合直前の練習で、中国人のコーチが急に細かい技術的なことを選手に言い出した。わたしは「うるさいな。黙んなさい」と言いました。「なんでも『ハオ（好＝いい）。ハオ』って言っときなさい」って。「そんな細かいところはもういいの。わたしは十点満点はほしくない。九点ナンボでいいの」って。

テクニカルの前は、ひとりずつ、「あなた、頼むよ」とか「あなたはいつも通り、冷静にやりなさい」とか。練習でサボっているやつには「あなたはがんばんなさい」って。蒋姉妹には「練習通りにやりなさい」でした。「あなたたちの今できる、いい演技をみんなに見てもらってきなさい」って。

一番若い十七歳の子には、「わたしの力をやるから、行ってこい」と言いました。デリケートな子だったので、「大丈夫。あんたひとりじゃないんだから」って。

最後のフリー・ルーティンのときは、まずひとりひとりに声をかけたあと、全員に話をしました。フリーは、リフトなど個人それぞれのものがあるから、みんなに勇気を出してもらわないといけない。フリーでは決断力が大事なんです。

だから、最後にみんなにこう言いました。「ここは北京だ。あなたたちの家なんだ。

大応援団を味方につけた最後のフリー・ルーティン（共同）

家族のみんなが見守っている、思い切り、力を出してきなさいね」って。

自分が外国人だから、「自分の家」という言葉を思いついたんじゃありません。選手にとっては何が怖いのか、何がネックになっているのか、考えたんです。たぶん、あの子たちは観客が怖いんだと思った。大応援団の「加油《チャイヨー》！（がんばれ！）」の声援が、あの子たちをつぶすと思ったんです。だから逆のことを言いました。応援団が自分たちを支えてくれているって。

最後の最後まで、あの子たちの顔を見ながら、何を言ってやったらいいのか、必死で考えました。あの子たちに持っている力以上のものは望まない。今の力を出してくれればいい。十点満点は無理です。下手なところがありますから。

北京の子は強いし、上海のひとりの子も広東省の子も強い。でも、それ以外の子は結構、気が弱いところがあった。ひとりっ子政策の影響もあるのでしょう。だから、あの子たちの力をどう出させようか、そのことばかり考えていました。デュエットが終わった瞬間から、あの子たちがチームのフリーで歩き出すまで、ずっとです。上手に泳がそうなんて思ったことない。ただ力を発揮させたい。それだけでした。

絶対に冷静さはないとダメ

夜、寝られなかったとき、「勝負に賭けるってこういうことや」と思いました。ギャンブルではありません。すべてを賭けるみたいな感覚です。

わたしは集中しているとき、観客の姿はまったく目に入りません。マスコミの人にもびっくりされました。見に来ている知り合いの人にも全然、気がつかない。何にも目に入らない。選手の一挙手一投足しか見ていないんです。

プールにパッと出たところに、カメラゾーンがあります。この頃のカメラの望遠レンズってごっついじゃないですか。あの子らは足が長いから、カメラに当たるかもしれない。もし当たったら、選手の集中力がポーンと切れてしまうんです。ですから、わたしは「すいません」と言いながらそのカメラの前に立ちました。選手を映されるのが嫌だったのではなく、選手にカメラが当たるのが嫌だった。何か言われたけれど、わたしは絶対にどかなかった。観客とか目に入っていない。あの子たちのことしか考えていませんでした。

わたしはすごく冷静です。冷静じゃなかったら、ダメでしょ。やるべきことはすべてやる。で、選手が演技に向けて歩き出したら、「今度は自分で自分に賭けてきなさい」という気持ちです。歩いていく選手の背中を見たら、わたしのするべきことは終わったと思います。「次はあなたたちの番よ」って。

フリーの演技が終わる。中国は得意とするリフトでも高さと多様性を見せ、観衆の目を引きつけた。隊形変化のスピードも速く、動きにメリハリがあった。

ロシアが優勝を遂げ、スペインが続いた。中国は銅メダル。日本はいったん四位と発表されたが、リフトの際にプールの底に足がついたとして減点され、五位タイとなった。

銅メダルが決まったとき、みんな声を出して泣いていました。わたしは仕事をやり遂げた達成感でいっぱいでした。

教え出した初めの頃は、髪を振り乱してがむしゃらに練習する子たちに対して、手ぶらはアカンやろうと思っていました。でも、時間が経つにつれて、こんなにわたしを信頼してまかせてくださった中国の幹部の人たちにメダルを置いて帰らなアカンと思うようになった。

だから、メダルをとれない自分なんて、想像だにしませんでした。まったくあつかましいですね。デュエットでメダルを落としても、メダルがないという事態は考えませんでした。

記者から、「ものすごく冷静ですね」と何度か言われました。そりゃそうでしょ。だってわたしはひとりだったんです。相談相手もいない。自分と相談するしかない。

冷静さは絶対ないとダメです。感情だけではダメです。まだ打つ手がある段階で、冷静さを失ったらダメです。わたしはひとりだったから、余計に冷静になれたように思います。

ハートの出番は最後

情熱だけで物事を解決できるのならいいけれど、そううまくはいかない。そこに論理や分析がなかったら、物事はいいようには向かない。傾向と対策があって、分析ができたら、次に初めてハートの出番です。譲らない、引かないというハートの出番です。最初から感情ばかりでは何もうまくいきません。

最後にハートが――執着心とか執念とか負けたくない気持ちとか譲らない気持ちとかが――生きてくる。最初からハートだけでは無理、無理、無理です。

中国の人たちはみんな大喜びで泣いていました。でも、わたしも一緒になって喜ぶのは、何かちがうなと思いました。歓喜の写真に一緒に入ることは、非常にミスマッチだと思ったんです。なぜかというと、うれしいではなく、仕事をちゃんとしたという感覚がすごく強かった。それがプロだと思います。

中国の人たちを喜ばすために来たんだからと、表彰式ではひとりだけちょっと離れたところにいました。

メダルをとれなかったら、わたしは許されなかった。あの喜びの光景をつくれなかったら、ダメだった。そうでなかったら、選手ではなく、わたしが許されない。

表彰式をひとりで見ながら、パッと電光掲示板を見たら、日本の順位が下から二番目にあってびっくりしました。わたし、すごく変な顔になったと思います。日本の演技は知らなかったし、だれかがおぼれたこと（過呼吸）も知らなかった。

日本がアメリカと同点の五位だなんて、何が起こったのって、なんか知らへんけど、涙が出てきたんです。四年前のアテネ五輪では、上から二番目の日本を見て、悔しさでいっぱいになったことを思い出しました。どうやったらロシアに勝てるんやって思っていたのが、今は何番目にあるのって。

そのとき、フランスのヴィルジニー・デデュー（シンクロの元女王）が近寄ってきて、「日本は減点されたのよ」と教えてくれました。

あの涙は何だったのでしょう。わたしが中国に教えに来たときには、強い日本が根底にあった。強い日本から中国に教えに来たのだという思いが揺らいだからでしょうか。

人生でもっとも自分とだけ真剣に向き合った時間

世界との戦いは「やってる」という感じがします。

北京五輪の最後の三日間のことも、最近になってようやく話ができるようになったんです。あのときのわたしって何だったんだろう、って思います。岩崎恭子ちゃん（バルセロナ五輪二百メートル平泳ぎ金メダル）じゃないけれど、長い間生きてきたなかで、最高に濃密な時間でした。人生でもっとも自分とだけ真剣に向き合った時間やね。

全然苦しくなかったし、つらくもなかった。逃げる気はなかったし、人に頼ろうという気持ちもなかったからだと思うんです。最後の試合が始まる瞬間まで、（あの子たちのために）何ができるのだろうかということしか考えませんでした。

「充実」という言葉ではあまりにも軽すぎる。もうちょっと重い。でも、つらいとか、苦しいではない。また味わうには、重すぎる時間やね。でも、またそういうときがあっても驚かない。そんなんをいくつもくぐっていくのが、わたしの人生やと思うんです。

「生きてる」という感じがするんです。北京五輪のチームのテクニカルが終わったとき、日本人トレーナーに「日本に帰ろうな」ともらしたらしい。あの瞬間、メダルをつかんだ、と思いました。この勝負、勝てたと思いました。そういうことなんです。

変に強がる必要はない

井村は中国で何度か泣いた。四川大地震のとき、オリンピックの代表選考で今まで一緒にがんばってきた選手に選考外の通告をしたとき、そして、北京五輪の表彰式で日本の順位を目にしたときだ。

そういえば、表彰式のあと、中国の選手が駆け寄り、次々に首にメダルをかけてもらったときにも泣いた。日本メディアには「鬼の目にも涙」と書かれた。

どんな強いコーチでも、どんな意志の強い人でも、根っこは人間であるべきやと思うんです。

それは、会社でも、学校でも、家庭でも、どんな世界でも一緒でしょ。変に強がる必要はないんじゃないかな。

メダルをかけられ涙する（共同）

今の親を見ていると、例えば、自分の娘に対して「あんたが死んだらわたしも死ぬわ」ぐらいのことを、本気で言ったことあるのかなと思います。あなたが死んだら、お父さんも働く意欲をなくすって、それぐらい大事な存在だって言えばいいのに。だから、あなたが横道にそれるのが許せないんだって言えばいいのに。

子どもが自分の思うように育たなくて、悪いことをしたとき、親が「自分の子どもがそんなことするはずがない」とか「わたしはこんな子に育てた覚えはない」とか言うことがあります。「友達の誰々が悪いのだ」とかまで言う親がいる。でも、そうじゃないでしょ。

自分の子どもが学校で悪いことをしたとき、どうすればいいかと聞かれることがあります。わたしは、「先生の前で思いっ切り謝りなさい」と答えます。「この子のやったこと、わたしがすべて悪かったんや。親として、わたしが悪かったんや」って。子どもが何と言おうと、言い訳があっても、悪いことをしたら、先生の前で、お母さん、お父さんが本心から謝ってくださいって。その姿を子どもが見たら、もう悪いことはできないと思うって。自分の親に謝らせたらアカンって、絶対に思うでしょ。

それが今は、「うちの子だけはちがいます」とかばったり、他人への文句ばっかりや。アホなこと言うなって。「うちの子が悪いんです。それはわたしが悪いんです。本当に申し訳ありません」と、未成年者やったら、頭を床につけてでも謝りなさいって。

それを謝らずに、「クレーマー」とか「モンスターペアレンツ」とか、自分の子どもを守ってあげるのがいいと思っている親が多すぎます。そうじゃないの。

本心から親が嫌いな子どもはいない。そりゃ嫌いな部分もあるかもしれないけれど、基本的には好きだって。だから、子どもが悪いことしたら、親が「わたしの責任だ」って本心から謝ればいい。そうしたら子どもは、二度と親にそんなことはさせてはダメなんやと思います。親の責任とはそういうことでしょ。

10章――――

本気で叱る

勝ったあとだからこそ、選手の耳に入る

井村雅代は生涯一度だけ、途中でコーチをやめたいと思ったことがある。チームのみの実施となった一九九六年アトランタ五輪のときである。新興勢力ロシアの台頭が著しく、前年のワールドカップでメダルなしという苦境で臨んだ大会だった。

なぜ、やめなかったのかというと、「中途半端でやめる自分と一生つき合うのが嫌だったから」と述懐する。常にチャレンジャーだったから、とも。

結局、日本は踏ん張り、ロシアを抑え、銅メダルを獲得した。

いつも反省しているだけの選手がメダルをとりました。ロシアを振り切ってメダルをとったときに、安堵感や達成感ではなくて、「あの子たちがメダリストになった」という感慨しかありませんでした。その日の夜のミーティングでは、メダルをとった日だからこそ、思い切り言いたいことを言わせてもらいました。「あんたたちみたいな選手、メダルの資格ない」って。

何を言っても「申し訳ありません」ばかりの選手たちでした。もっと深く自分のこと

を考えたり、自分を変えてみようとしない選手たちが、なんだか腹立たしかったんです。「あんたたちのお陰で、わたしは、好きなシンクロが嫌いになりそうになった」と言いました。なぜヘッドコーチをやめなかったかというと、もしわたしがアトランタ五輪を目指している途中でやめたら、自分が死ぬまでにたくさんのオリンピックを目にするだろう、そのたびに「わたしは途中でギブアップしたよな」という嫌な記憶がよみがえるだろうと思ったのです。だから、どんなにつらくても、辛抱しました。

あとで立花美哉から「あのときはビックリしました。メダルをとって、褒めてくれると思ったら、ボロクソなことを言われて、ものすごくショックだった」と言われました。「それで、次のシドニー五輪のときは、絶対、先生にそんなことを言わせんとこと思ったんです」って。

それで、二〇〇〇年シドニー五輪まで、立花美哉、武田美保、藤井来夏《らいか》、神保《じんぼ》れいの四人ががんばった。

シドニー五輪のときは銀メダルでした。金メダル狙って銀メダルだったから、また怒られると思ったら、「あんたたちはよく泳いだ」と言われたから、またビックリしたそうです。

シドニー五輪のときは、新米の子たちに対して、「あんたたちは先輩に銀メダルをとらせてもらったんだからね。自分の力でとったと思うな。メダルを見るたび、先輩にとらせてもらったと思い出しなさい」と言いました。「そしていつか、自分がメダルをチームにとらせてあげられるような選手になりなさい」とも。

勝ったあとだからこそ、選手の耳に入ります。負けたあとに何を言っても、だれも聞かないですよ。だから、勝ったときは思いっ切り、言ってやるんです。

言葉には分析の裏づけがいる

話を戻すと、アトランタ五輪が終わったときは、水を見るのも嫌でした。全然、やる気にならない。自分のクラブの練習も始まっていました。これではアカンと思って、年明けの一月頃にようやく練習に出たんです。

そうしたら、練習に行っても、やはり全然教える気がしない。コーチが「先生、もう練習に来るのが嫌だったら、来なくても結構です。先生が来たくなるまで、来なくていいです。わたしたちが練習を見ますから」と言ってくれました。感謝しましたね。本気で練習に行き出したのは、二月になってからです。

ナショナルチームの強化も始まります。わたしは上位国の選手たちの動向を調べました。この選手は五輪のあとで引退したとか、あるいは、やめていないとか、いつまでやりそうだとか、各国のナショナルチームのA、Bチームのデータを集めました。ヨーロッパについては、知り合いにデータ収集を頼みました。

そのデータを分析した結果、次の五輪では、日本とロシアが優勝を争うとわかったのです。それで九七年の最初のミーティングのとき、「もしみんながこのまま同じように努力をしていったら、日本が二番になって当然です」と言いました。それまで三位になるのでさえ必死だった日本が「二番で当然？」――選手もコーチも、目を丸くしていました。

そのときの顔は忘れられません。「はぁ？　わたしたちが二番？」みたいな顔をしたもん。だから、「当然じゃないの。みんなが同じようにがんばったら、最低でも二番になって当然でしょ。二番にならんでどうすんの」と言ってやりました。

そして実際、九七年に中国の広州で行われたＦＩＮＡワールドカップで、日本はデュエット、チームともに二番に入りました。みんなびっくりしていましたね。

このように、言葉には分析の裏づけがいります。わたしは選手の動向などを調べたりすることが好きです。鬼コーチみたいなイメージが先行していますけれど、こういう緻密さもあるんですよ。

叱る絶対三点セット

わたしは、よく叱る代表みたいに言われますけれど、自分では叱っている感覚はありません。本当のことを言っているだけです。

だいたい叱るって何なの？　褒めるって、相手のいいところを「いいよ。いいよ」と言うことですよね。じゃあ、叱るは？　相手の悪いところをはっきり指摘することです。露骨な表現と批判されますけれど、そうしないと、耳に留めてくれへん子がいるんですから、仕方がない。そもそも本当のことを言っているだけですから。

で、本当のことを言ったら、必ず次に直す方法を言わなければいけない。そして、最後にそれでいいかどうかを伝えなければいけない。この三つが「叱る絶対三点セット」なんです。

わたしは、ひとつだけ直し方を言って、それで直らなくても、この子はアカンと思うことはない。ひとつの方法だけで直るわけがないと思っています。たったひとつのことでその子が直ったら、本当にその日はラッキーだと思わなきゃ。フツーは、叱ったあとにいろんな方法を言わないとダメです。

直す方法を言わなかったら、叱られっぱなし、自信をなくしっぱなしで終わってしまう。それはダメでしょ。人は失敗すると自信をなくすけれど、そこから這い上がったときに自信を得るわけですから。

直す方法を言って、最終的に、それでOKか、NGかを出すわけです。

テレビなんかでは、わたしが叱るところだけを映すから、誤解されているんです。

例えば、立花、武田のデュエットの場合、立花が一七〇センチで、武田が一六五センチです。武田は立花に比べると背が低くて手も短いから、わたしは武田に「腕だけで上げないで、肩甲骨から腕を出しなさい」と言いました。そういう方法なら、ナンボでも手が長くなります。そういうことを考えるのが、コーチの仕事です。

足や手を短く見せるのが悪い

例えば、すごく変な顔をして泳いでいる子がいたら、「あんたの顔、ぶっさいくやな」とはっきり言う。そのあと、ステキに見える笑い方を教えます。「こうやって口元を動かしなさい」「眉毛からこう上げてやって、目をこう崩すのよ」「目をこう動かすのよ」とか。

人の目を見て泳ぐのは恥ずかしいんですけれど、わたしは「ジャッジの目を見て泳ぎなさい」と言います。練習では、わたしがジャッジ役になって、その子の目の延長線上にいるようにします。わたしの目を見ながら、わたしのところに泳いできなさいって教えます。

シンクロでは、足や手が短いこと自体は悪くない。足や手が短く見えることが悪いんです。足が短かったら、短く見えない方法を考えるのが人間です。だから、困難にぶつかっても、「仕方がない」という言葉は使わない。そういう言葉を使った時点で、人間の成長は止まります。仕方がないというなら、日本人はシンクロをやめたほうがいい。からだは小さいし、手足も短いわけですから。

工夫すれば、なんとかなります。

例えば、インナーマッスルをうまく使えば、つま先の指す空中に目に見えない矢印が出る。その矢印が出ると、方向性やパワーのオーラが出るから、足は長く見える。

だから、シンクロの選手が強いときには、「実際はこんな小さい方だったんですね」なんて言われます。それは選手が、演技中に大きく見えるように振る舞うからなんです。演技中にものさしで測るわけじゃないですし、要は長く見えたらいいんです。だったら、長く見せる方法を考えてあげればいい。

ついでに言えば、一般の人で、足の太いのを細く見せる方法は、歩くときに重心を上げることやろね。腰の重心を上げれば、全部が上に上がります。

顔はメイクでなんとでもなります。例えば、鼻を高く見せたいなら、周りを低く見せるようお化粧すればいい。鼻をホンマに高くするのは無理ですから、ならば相対的に高く見えるように、立体感を出せばいいんです。

叱って育てるほうが、選手もラク

指導者には長所を褒めて育てる人もいる。褒めるか、叱るか。その按配が難しい。

褒めて育てる、という人もいますが、わたしには関係ないなあ。

わたしは滅多に褒めません。だから、わたしに褒められるってすごく価値があると思います。

人間って褒められたら、褒められた自分を崩したくないと思って、どうしてもしんどくなる。だから、ダメだと言われたほうがラクなんです。

例えば、毎日、会う度に「先生のセンスいいですね。ステキな服ですね」と言われるとする。そうしたら、ぐじゃぐじゃの服では行けなくなるじゃないですか。それって、結構しんどいですよ。

それよりも、「あなたはこうしたほうがいいよ」と言われたほうが、レベルは高くなっていきます。褒める言葉の連発は相手をつらくするんじゃないかな。

わたしは人間は求めれば来ると思っています。「もうちょっとここまで来なさい」「もうちょっとこうしなさい」と求めたら、実現すると思っているんです。褒めるということは「それでいいよ」ということです。「それでいいよ」ということは、もう進化しなくてもいいよということです。だから、「もうちょっと」「もうちょっと」と言ってあげるほうが、その子は伸びると思うんです。

たまに褒めるとしたら、「今日はすごく上手だわあ」と言います。でも練習中に「パーフェクト」だなんて言わない。「今日は素晴らしい」とか、歯の浮くようなことは、わたしは絶対に言いません。

わたしは競技スポーツのコーチだから、練習中にいくらできても褒めるに値しないんです。この一回しかない本番の場でできて、初めて褒めるに値すると思うからです。だって、試合で失敗したら、やり直しはできないでしょ。だから、試合でできたら、褒めるんです。

シドニー五輪のとき、わたしは褒めました。チームの『空手』がすごくうまかったから、「うまい！」と言いました。あのときの演技はうますぎた。あの子たちに二度と『空手』を泳いでほしいと思わなかったもの。あんなうまい泳ぎは二度とできないと思ったから。

あれは歴史に残るパフォーマンスです。「試合会場の空間はわたしたちのもの」みたいに、みんなをクワーッと引きつけちゃったもんね。だから、「もう一回、『空手』を泳いで」なんて言う気になれませんでした。目に焼きついた残像とオーラが、わたしの記憶の中で生き続けるだけでいい。次の『空手』を見たら、がっくりするだけやから。場を支配したといえば、二〇〇一年の福岡のデュエットの『パントマイム』もありますね。あれは場を牛耳った。場が沸きました。ローマの（世界選手権の）『夜叉の舞』も会場の空気を牛耳った。

初めてふたりの手を握った

アテネ五輪（二〇〇四年）のデュエット（立花、武田）もよかった。アテネのデュエットでは人間のすごさを知ってもらいました。果敢に攻める人間のすごさを見せてもらいました。

正直、選手に対し、「この子たちはすごい人やな」と思った。たぶん、あの演技が終わったあと、からだはボロボロだったと思います。

あのデュエットのフリーの演技の前、わたしは立花と武田のふたりの手を握りました。あのふたりは、絶対手なんか握らないで、あっちとこっちを向いて各自が集中している選手やけれど、何もせずに出て行ったら、バラバラの演技をするのがわかっていました。どうしようかと考えて、わたしは決勝の直前に、あの子たちの手をバッと握ったんです。


美哉（立花）は、水の感触がなかったら嫌やから、ペットボトルの水を何度もつけていた。武田はイメージトレーニングをしていた。お互いに顔を見ようともしないで、全然ちがうことをしていた。もう出て行く時間が近づいている。このままやったらバラバラやなと思って、わたしは思わず、あの子たちの手を引っつけて、「今からわたしが、わたしの中にあるエネルギーを全部、送ってあげるから」と言ったんです。

あの子たちは「最後の演技」という覚悟を持っ

「最後の演技」となった、アテネ五輪デュエット、フリー・ルーティン決勝（共同）

ていたと思う。ふたりとも力を出したいと思っていたけれど、あの子らはよきライバルでもあったから、どちらもすごく張り詰めたものがあった。ひとりひとりが精神的にぎりぎりで、いい演技をしようと自分を追い詰めていたんです。相手のことを考える余裕がなかった。すごい集中力でした。だから、わたし、生まれて初めてあの子たちの手を握ったんです。とっさの判断でした。

バラバラなふたりが出て行って、いい演技ができるわけはない。個人個人ががんばる演技はするけれど、デュエットってふたりじゃないですか。そのふたりがひとつになるのがデュエットなんです。だから手を握ったんです。これはわたしが考えに考えてとった行動ではなく、あくまでとっさの行動です。

叱るってエネルギーが必要なんです

選手育成は子育てに共通する部分がある。子どもは、口では「ほっといてくれ」と言うけれど、どこかに向上心はあるはずである。よくなりたい、と願っている。

人間ってそういうものでしょ。「ほっといてくれ」と言うのは本音じゃない。「お父さん、お母さんが嫌い」と言うのも本当じゃない。それを真に受けて一喜一憂するほうがおかしい。わたしは、根本の人間の中にある、「自分はよくなりたい」という意志を信じています。

わたしが中学で教師をしていたとき、シンナー吸うてた子たちが、最後はわたしに感謝してくれた。わたしはその子が直るまで、絶対に離れませんでした。途中であきらめるなら、言わんほうがマシですから。

シンナー吸ってた子には怒り続けました。「何やってんの」って。そうしたら、「ほっといてくれ。何で、先生、おれのことをそんなにかまうねん」とか言われた。「かまってくれてありがとね〜」なんて言う子もいた。「うるさい！」と言う子もいたけどね。

反抗期のときには、心とは裏腹のことが口から出るのね。「ほっといてくれ」と言うから、ほっといたら、次はほっとけないような悪いことをするんです。「無視してくれ」と言われて無視していたら、いずれ無視できないような悪いことをします。

だから、「ほっといてくれ」と言われたら、それはほっといてほしくないということだから、「ほっとかれへんのじゃ」と言えばいいねん。親なら「ほっとかれますか。あなたは大事な子ですから」と言えばいい。「ほっといてくれ」とか「嫌いや」とか言われて、打ちひしがれてどうすんの。長いこと生きている大人たち、しっかりしろよ、という感じです。だって人間って無視されるのはつらいやないですか。

知らんぷり、はだれにでもできます。簡単です。でも、子どもを叱って、「こうやって直しなさい」と言って、それがOKかNGかを出すのは、時間も観察力も集中力もいりますから、叱るって、すごくエネルギーがいるんです。

見て見ぬふりして黙っていて、「それでええよ」って褒め言葉をひとこと言うて、済ますほうがどんなに簡単か。でも、同じ社会に生きている人間が、その子がよくなる方法をわかっているんだったら、言わないとダメでしょ。偶然にも同じ社会に命を授かっている人間として、見て見ぬふりはダメだよね。

わたしに言わせれば、満足に見もしないで褒めるのは簡単で、しかも無責任です。でも、見もしないでけなすことには責任を感じるでしょう。

あれ、すごく腹が立つ。わたしはシンクロの練習中、選手を見ることができないとき、「あっ、ごめん。見てなかったわ」とホンマに言います。見てなかったら、「いいよ」なんて言えない。見てないんだもん。言えるわけがない。

ということで、叱るってエネルギーがいるんです。でも、わたしは人間が好きなんで苦にならない。自分はだれかに支えられてきたから、だれかを支えなくちゃいけないと思います。支えるって、言葉だけじゃなくて、本当にだれかの役に立たなアカンと思う。時代は巡るんです。

あなたが変わるまで絶対、離れません

叱るときの基準はとくにありません。わたしの目に映って、それがダメなときは、何でも言います。目に留まったら言う。

そして言うときは、「あんたが変わるまで、わたしは離れません」と宣言します。「あんたから離れん」「あんたのところから消えません」と言います。「あんたが変わってくれないと、絶対、ここからどきませんからね」って。

口先だけなら、言わんほうがマシです。ヘンに褒めることもしたくない。ウソをつい

たり、無責任な発言をするぐらいなら、絶対に黙っているほうがマシです。

井村は自身の子ども時代を思い出す。井村は四人きょうだい（兄とふたりの姉）の末っ子である。姉とけんかをして、母から家の庭に放り出されたこともある。「ああ、怒られたなあ」と懐かしそうにもらす。

わたしの親は、怒ったら本当に怖かった。小学校の低学年の頃かな。わたしがすぐ上の姉にけんかを仕掛けていったんです。それで母から本気で怒られた。「あんたが悪いんや。何もしてへん人にそうすることがいけない」って。

わたしは今の子どもに、「お父さん、お母さん、怖い？」とよく聞きます。「怖くない」という子はダメです。「怖い」という子のところは、家庭がちゃんと収まる。「怖い」にもいろいろあって、「最後のところは親には逆らえません」という家庭は、子どもがちゃんとしているね。「すぐに親が手を出すから怖い」というのは別です。これはアカンよ。

「お父さんは仕事ばっかりやけど、最後に怒ったら怖い」「もうお母さんには負けます」

「最後にはお母さんには逆らえん」とか言う子はピシッとしています。

家庭の中では、親が力を握っていないとダメでしょ。親が子どもの顔色をうかがっているような家庭はダメです。

叱るためには、ふだんの観察が必要

叱るということは、その子の可能性を信じるということなんです。人間は「ほっといてくれ」と言っても、絶対に今よりよくなりたいと思っている。だから、その子のよくなりたいという向上心や、その子の中の可能性を信じるからこそ叱るんです。「この子はよくなるんだ」と思うから叱るんです。

だから真剣です。シンクロでいえば、「これ以上、練習ができません」「もう限界です」と言う子をよく見て、甘えか本当か、見抜かないといけない。命を預かる人間として、当然のことです。

要は、眼力が必要なんですが、そのとき一度だけ見てもあまり見えない。その子のことをふだんから観察しておかないと見えないんです。

基本的には、わたしの目の前ではみんないい子なんです。問題は、それが本当なのか、そうじゃないのかです。例えば、サボる子なのかどうかは、その子がフツーの生活をしているときにさりげなく見ておけばわかります。

大事なのは、黙って観察することです。わたしはいつも練習の準備のときの子どもを観察しています。準備や片づけのときに性格が出ます。「ああ、この子はとにかくラクしたろ、と思っている」とか「この子はしんどいことでも手を抜かないでやる子だな」とか。

よく観察していれば、その子が練習中に「こうなんです」とこぼしたことが、本当に悩んでいることとか、周りを喜ばすために言っていることとか、全部わかる。だから、その子が何気なく振る舞っているときに、しっかり見ることが大事でしょうね。

子どもを変えていくのが指導者の仕事

シドニー五輪、アテネ五輪と連続出場し、デュエットで銀メダルを獲得した立花と武田は対照的な性格である。立花は生真面目な努力家、武田は器用な天才肌。ともに負けん気は強かった。じっくり観察し、井村は接し方を変えた。

例えば、立花はものすごく丁寧な子で、絶対に手を抜かない。練習の準備をするときも、人の嫌がるようなことでも、真面目にする子でした。絶対、そこから逃げない。そういう子には、「これしなさい」「あれしなさい」と言わなくてもいいんです。そんな子はほっときゃいいんです。

でも、そうじゃない子もいる。そういう子には、あえて「それを片づけなさい」「それとってきて」とか指示を出します。そう言われると、するじゃないですか。そうしたら、物事の達成感を味わうんです。それで、だんだん何でもやる子になっていくんです。

達成感を味わわそうと思ったら、やらせないとダメです。やらせないと、しんどいことや動くことが嫌な子は、自分からは動かない。わたしはそれを見て、動かない子には

「あれとってきて」とピシャッと言う。

練習中にすぐ「限界です」と言っていた子が、すごいがんばり屋になることがあります。がんばり屋に変身するというより、わたしはがんばり屋になるまで許しません。

「あなたが変わるまで、わたしは許さない」と言っています。そんなこと、日々のコーチングでは当たり前のことです。その子たちを変えていくのが指導者の仕事ですから。でも、それをやらない指導者もいる。「わたしのところ、なんで練習ぎらいな子ばっかりなの」と嘆くコーチがいる。

わたしはよく「ヨソの選手をうらやむな」と言います。会社でも「自分の部下はアホばっかり。ヨソの部はできる部下ばっかりや」とか言う上司がいます。その上司がアホや。自分の目の前にいる部下を、自分が必要な人材に育てなさい、と言いたいですね。

何も言わない人が多すぎます。「自分はこういう人材が必要なんだ。だから、そういう人材になってもらいたい」と言えばいい。ちゃんとメッセージを伝えないと。「いつか本人が気づくやろう」なんて黙っていても、気づきません。

ちがう環境で育ってきたちがう人間に対して、何も言わずに「自分が考えていることをわかってもらおう」というのは無理です。根本がちがう。だから、わかる努力、わかってもらう努力をしないといけないんです。

11章——————

コーチを育てる

最後は経験がものを言う

井村雅代は北京五輪のあと、中国からのヘッドコーチ留任要請を断り、井村シンクロクラブでの後進のコーチ育成にウエイトを置く。愛弟子の立花美哉も米国コーチ留学を打ち切り、日本に戻ってきた。

二〇〇九年一月、井村は立花コーチとともにシンクロナイズドスイミングの国内選考会に参加した。

美哉（立花）にとっては、コーチとして、日本で初めての大会でした。彼女は日本では珍しく、世界が見えている子なんです。自分が選手としてそこまで戦ったから。日本一が見えている若いコーチはたくさんいるけれど、世界のメダルが見えているコーチが何人いるか、非常に疑問です。はっきり言って、あんまりいないでしょ。見えていなかったら、ただがんばっているだけになりがちです。

そうではなく、ゴールが見えているかどうかが大事なんです。ゴールに向かって、どんな演技をさせて、どんな点数を出させていくのか。そのためには今はどこまで技術を高めておかなければいけないのか。コーチに求められるのはそこです。だから、ゴールが見えているかどうかが、大きな問題なんです。

美哉は、自分が世界に向かって戦っていたから、世界に挑戦することにすごくエキサイトする。面白がっている。フツーのコーチだったら、「世界でメダルをとるって何？」みたいになってしまう。世界に挑んだ経験のない人は、面白がらず、怖いととるわけです。やりがいのあるチャレンジととるか、怖気づくかのちがいは大きいですよ。

でも美哉は、コーチをしたことがないので、日々がんばること、日々選手を上手にすることはわかっているけれど、最後の持って行き方がまだわからない。この前の選考会でも、「わたしは経験がないから、最後は先生がしてくれ」と言ってきました。結局、わたしが乾《いぬい》（友紀子）を見ました。彼女はコーチ勉強という意味で、わたしのやり方を見たかったのでしょう。どうやって選手を押したり引いたりなだめたりするのか。

最後はやはり経験がものを言います。経験がある人間とない人間ではちがいますよ。選考会のときも、前日になって乾がひどくなったらしい。美哉から電話がかかってきました。「先生、乾がムチャクチャになりました」って。わたしは「そんなメチャクチャになっているんやったら、もう練習をやらさんでよろし。宿舎に帰って寝させとけ」

と言いました。

それは荒っぽいやり方です。わたしやったら、そうさせるんですけれど、初めてのコーチにとっては、とんでもない勇気が必要ですよね。そう言うことで、美哉は「こうやっていけばいいんだ」と知ることができます。

コーチも必死です。美哉は「選手はそのときしかない。自分はまだ選手の心が半分あんねん」と言う。わたしも前に言いましたけれど、たしかに選手はやり直しがきかない。同じときは二度とない。でもコーチは失敗しても成功してもすべて経験になる。

美哉には、自分の経験のために、選手を実験台にするわけにはいかないという気持ちがすごくある。それは本当に正しい。

ならば、わたしのやり方を見て覚えていくしかない。でも、そこに正解はない。何か問題が起きたときに知恵を絞るために、ただ事例をたくさん見ていくだけの話です。

必ず何かがあると思っておけばいい

前にも言いましたけれど、大会の直前に選手が崩れたら、これを乗り越えたら勝てるぞ、と思えばいいんです。わたしは物事がスーッと達成できるなんて思ってない。

わたしは試合に行く前の選手に、必ずこう言います。

「試合までにうまくいかなくて落ち込むことがあるよ。でも、それは当たり前だから。最初からいい調子で勝ち続けることなんてありえない。途中で必ず、落ち込むときがある。そこであきらめたらダメや。結果が出るまで、何かがあるのがフツーでしょ」って。

でも、若い子はそうは思ってない。物事がスーッと行くと思っている。そんなとき、「どうすればいいんですか?」と聞かれてもわからへん。だから、必ず何かがあると思っておけばいい。このままうまく行くはずがないと考えておけば、何が来ても、「ほら、きた!」みたいなもんですよ。あとはどう切り抜けるかの勝負です。ジタバタしても仕方ないって。

迷ったら負ける。だから迷ったらダメ

わたしのクラブにはたくさんの若いコーチがいます。若いコーチには、つらい経験をさせないとダメなんですけれど、そのために選手を犠牲にすることはできません。そこが非常に難しい。どこで若いコーチに救いの手を差し伸べるかなんです。

いい経験、ラクな経験なんか、コーチには何にもならへん。たまには、スーッと勝つのもいいでしょ。でも、そんなの「ああ、よかった」とハッピーエンドで終わるだけです。コーチは踏ん張って勝ちをとりにいくようなときに成長するんです。

だけど、選手にはそのときしかない。その結果でこっち行く選手、あっち行く選手に分かれるときもある。だから、最後までコーチに勉強させたいけれど、そういうわけにはいかない。だから、最終的にはわたしが救いの手を出す。選手が失敗したほうがコーチは覚えるかもしれませんが、それはできません。わたしが選手を教え、コーチには「あなたのこれが足りなかったら、こうしたんだよ」とはっきり言います。ただし選手のいないところでね。

選手には「コーチに感謝しなさい」と言うけれど、コーチには「こういう手を差し伸

べたから、こんな成績になったことを覚えておきなさい」と伝えます。

美哉に、わたしの指導のここを見てほしかったということはとくにありません。なぜかというと、指導では毎回ちがうことが起こるからです。それが面白いんですけどね。

ただ、唯一見てほしかったところがあるとすれば、「コーチはぶれるな」ということです。わたしの経験では、迷って勝ったことはない。迷ったら負ける。迷って「どうしよう。どうしよう」となった時点で絶対に負ける。だから迷ったらダメや。

その点だけは、わたしの采配を見て、感じとってほしいと思っています。

コーチにもやりがいを味わわせたい

後継者である立花コーチの話に戻そう。井村は立花から「日本シンクロの転換期だから、日本に戻りたい」と言われたのだった。北京五輪でのことである。

美哉は、表彰式が終わったあと、スタンドの放送席から飛び下りてきました。テレビの解説をしていたんですね。

美哉はすっごく怒っていました。「先生、聞いてください。あの日本の負け方は恥や。あれはコーチが甘やかしているからや」と言う。あんなに怒っている美哉は初めて見ました。

北京五輪の前、米国の美哉からメールをもらいました。「アメリカでジュニアワールドカップのコーチにも入れてもらえたから、もう一シーズン、コーチの勉強をして帰国したい」と。

じつは、北京五輪の前の大会で会ったとき、あの子には「もうアメリカで習うことないやろ。わたしが教えたる」と言ったんです。でも本人がやりたいのなら、自分の好きなようにやったらええ、と思っていました。

ところが、北京五輪で日本の演技を目《ま》の当たりにして、考えが変わったんでしょ。「今、日本のシンクロの歴史は変わろうとしている。その変わろうとしているときに、わたしは日本のコーチとして、日本のシンクロに関わっていたい。だから日本に帰ります」と美哉は言った。「おマエさん、カッコええな」みたいな感じやね。

美哉は逃げない子や、と思いました。「戻ってきたくない」と言われたら、それっきりでも構わない。美哉にも「絶対、戻ってこい」なんて言いませんでした。わたしは、結構あっさりしているんです。

美哉に限らず、他のコーチもそうですけれど、やりがいを味わわさなアカンと思っています。

選手をやめた直後の若いコーチに、小学生のビギナーを教えさすのは逆に難しいねん。何が一番簡単かといったら、自分のいたレベルあたりの子を教えさすことです。口で伝えられなかったら、水の中に入ってテクニックを見せたりもできる。

まずは、そのコーチがどこに合うかを探します。美哉に初心者を教えさすのは似合わない。あの子には、自分の見てきたことを伝えながら育てるぐらいのところが、ちょうどいいと思いました。

素材よりやる気

他人に止めてほしい人っているじゃないですか。わたしはそういうのは「甘ったれるなよ」と思うんです。クラブをやめるときも最後は止めません。「あなたがいなくても、世の中回る。あなたがいなかったら、それなりの絵を描きます」という考え方なんです。

頼まれたらするけど、頼まれなかったらせえへんという人が結構いるでしょ。そんな人にはわたしは頼めへん。自分がやりたくてやろうという人は受け入れるけれど、やる気のない人にやってもらう必要はない。

いい素材の選手でも、シンクロが嫌やったら、「悪いけど、あんたはいなくてもええよ」という考え方なんです。

コーチを始めた頃から、それは変わりません。シンクロって昔は選手人口が少なかったから、ほとんどのクラブはやめようとした選手を止めます。わたしは初めから、やめる選手は止めへんって決めていました。だから、止めた選手はいません。その代わり、選手がやめたいと言ってきたら、わたしが見えている将来をみんな話します。

奥野（史子）がやめたときも一緒です。やめたいと言ってきたとき、わたしはこう説得しました。「あなたはすごくいいシンクロをやっている。今やめると絶対に後悔する。あなたはそのへんの選手とはちがうんやから、絶対、シンクロを続けたほうがいい。わたしの経験から、あなたがここでやめるのはもったいない」って。

よくいるじゃないですか。「シンクロはもう嫌やけど、コーチが必死に言うから、一シーズンだけやったろうか」みたいな子が。なんでコーチが頼んでやってもらわなアカンの。それだったら、下手やけどシンクロをやりたいという子を上手にしてやるわ。

要するに、やる気です。

この子は才能はないけれど、手足も短くてどうしようもないけれど、「上手になりたい」と言うんやったら、それに応えましょ。これを料理して上手にやらすのが、コーチの快感なんです。

もちろん、ある程度、到達点が見えてしまう子もいる。でも一生懸命、努力するんやったら、それがわたしの自慢の選手やわ。トップ選手もいいけれど、「えっ。この子がここまで伸びるか」と言わすほうが快感かもしれんね。

スルメみたいな演技じゃアカン

指導でいえば、北京五輪の日本チームは何に失敗したのか。あえて問えば、井村は

「日本は難しすぎた」ともらした。

オリンピックはスポーツの祭典であることを忘れたらダメなの。祭典というのはお祭りでしょ。お祭りでは、人間の限界とか人間のすごさとかを見るのが楽しいんです。大切なことは、見終わったあと、「スッとした」「エネルギーが出た」という気分が残ることです。

だから、哲学の道に入ったらアカン。日本のテイストはいいけれど、「わび・さび」の域に入ったらアカンのです。

やっぱり勝ち方というのがあると思います。いいルーティンだから勝てるということはない。いいルーティンでも、それを一回しか見ないジャッジに「これはうまい」と思わせないといけない。つまり「シンプル・イズ・ベスト」になっていないとダメなんです。

複雑がベストならそうします。でも、試合で五回くらい見せられるならいいけれど、一回じゃわからない。かめばかむほど味が出るスルメみたいな演技じゃダメなんです。だから中国は、観客が喜ぶことを並べた。フリーを見たら喜びまくりでしょ。お祭りだから、喜ぶことをするわけです。喜んだら、「うわ〜」と拍手をしてくれるじゃないですか。

拍手ってフッーは一分間もせえへん。拍手が弱くなりかけたときにしらけさせたらアカンのや。拍手が小さくなりかけたら、また「うお〜」と盛り上がるものを持ってくる。ちゃんと周波があるんです。

どうしたら長時間の拍手がもらえるのか、いろんな人に聞きました。ある先生が「それは心臓の鼓動の数だ」と教えてくれました。心臓の鼓動に合うリズムだと、人は簡単に手拍子、足拍子をするそうです。まず手拍子をし、次に足を踏み鳴らすそうです。だから、心拍数に演技のリズムを合わせるんです。

あと、お祭りだから、「うわ〜」と声を出したい人がいます。そういう人たちに、ポンときっかけをつくってあげる。うまくいけば、四分間、ずっと騒いで拍手をしてくれます。実際、中国の演技は、割と計算通りにいけました。

一番緊張するのは公式練習のとき

わたしが試合に臨むとき、いつ、一番緊張するかご存じですか。試合のときじゃありません。一番緊張するのは、初めての公式練習で本番プールに行くときです。その場でよその国の選手とすれちがうとき、わたしがどういう態度をとるかを、すべての選手が見ていますから。

例えば、立花、武田を見ていたとき、ロシアがライバルでした。公式練習で、そのロシアとすれちがう。そのとき、ひるんだらアカンと思っていました。わたしの姿を選手たちが見ていますから。

だから、一番緊張するのは、公式練習の一発目に会ったときです。「強い心を持っていなければ」と自分に言いますもん。

シャトルバスに乗るときも、ホテルでの食事のときもそうです。初めて外国人に会ったときにどう振る舞うか。選手がわたしのことを見ているから、ひるんではいけないんです。日本では偉そうな顔をしていても、英語が飛び交う場で小さくなっていたら、絶対にダメでしょう。

そのときだけは、「ヨシッ」みたいな感じです。それ以外は何も気にしない。選手のことしか考えません。

コーチ同士の駆け引きもあります。採点競技だからかもしれませんが、チームに勢いがあると感じてもらうかどうかは大きいですよ。

選手を切るのに比べたら、厳しくするのは大したことではない

二〇〇七年十二月三日、北京オリンピックに向けた選手選考会が行われた。ここで選手を十三人から十人へと絞り込む。その結果、世界選手権を一緒に戦った朱政《チユーチヤン》が外れることになった。ふたりいた南京出身の選手がまったくいなくなるということは、中国のシンクロ界にとって大変なことでもあった。

一緒にがんばってきた選手を切らなければいけないということは、コーチにとってもっともつらいときです。このつらさに比べれば、長時間の練習や選手を厳しく指導する

ことなぞ、大したことではありません。わたしはこのつらさを、オリンピック選考会のたびに味わってきました。

中国で選考会で選ばれないということは、長年住み慣れた北京のトレーニングセンターから故郷の省へ帰されるということです。朱政は三年以上住んでいたでしょう。選考にもれたことを話したとき、朱政は「私はオリンピックには行けないけれど、先生の指導を受けることができたことに感謝している。先生の指導から多くのことを学んだ。先生の指導を受けたことは私のこれからの人生に大きく影響を及ぼすと思う。先生ありがとう」と言ってくれました。朱政もわたしも涙、涙です。もう抱き合って泣きました。

私は「これがスポーツの厳しさ。でも、朱政はもう一度中国の代表として国際試合に出てほしい。そして、いつか中国代表のコーチになってほしい。そして、日本と戦いましょう。時間をおいてからでいいから、私の言葉を思い出してね。朱政の存在感と美しい足と音感の良さは素晴らしい。あなたの音感の良さにわたしは何度も助けられた。ありがとう」と話しました。

スポーツは強いものが勝ち、弱いものが負けます。これを貫くことは正しいのだけれど、つらいこともいっぱいあります。

今までの中国なら、朱政が入り、上海出身者が三人になってしまうという理由で、ひとり落とされたでしょう。それはそれでうまくまとまったかもしれません。しかし結果的には、わたしへの信頼と、オリンピックでどうしてもメダルがほしいという強い気持ちから、中国の人たちは私の考えをすべて受け入れてくれました。

このことで、彼らがどれだけメダルをほしがっているかが、改めて実感としてわかりました。わたしも、「絶対に中国シンクロ界の力になってあげよう、メダルをとるために力になってあげよう」と身が引き締まる思いでした。

いずれにせよ、この選考が中国のスポーツ界に新しい風を吹き込んだことは間違いありませんでした。

「世界が何やねん」を行動で教える

国際大会には、試合後のパーティーみたいなものがあります。そういう場で、日本チームっておとなしいですよね。選手というより、指導者がおとなしい。

わたしには忘れられない思い出があります。初めてナショナルチームのコーチになった一九七八年のことです。

その年の世界選手権の最終日、さよならパーティーでのことである。競泳のヘッドコーチが鶴峯治《つるみねおさむ》、当時の日本のホープが、のちに五輪代表となる平泳ぎの高橋繁浩だった。鶴峯は高橋を指導していた。

高校生だった高橋は、百メートルで六位、二百メートルでは予選落ちした。

さよならパーティーが映画館であったんです。競泳もシンクロも各国の全選手が参加しました。すごい数でした。

鶴峯先生はすごくお酒を飲みはるんです。それで酔っ払って、ロビーみたいなところに座り込んで、空になったワインのビンなんかを並べて、フォークでたたきながら歌っているんです。

各国の選手たちが周りを囲んでいました。空きビンをたたきながら、「シゲ（高橋）、もっと空きビンを持って来い。ここに並べろ」とやってはるわけです。高橋くんは言われたとおり、並べていきます。高橋くんはあのとき、まだ高校生でした。先生は「これだけ飲んだ〜」と騒いではる。

でもね、じつは鶴峯先生は酔っ払っていなかった。わたしにこう耳打ちされた。「ぼく、酔ってないんだ。ただシゲにこの姿を見せたいだけなんや。世界に出て、そこで中心人物になるっていうところを見せたいんや」って。何を見せたいのかといえば、世界に出ても怖気づくことは何もないということだったんです。

周りの外国人選手は大喜びでした。

これがいい指導者ですよ。高橋くんはきっと、何かを学んだと思います。高橋くんは期待されながらも、その大会ではメダルに届かなかった。でも鶴峯先生は教えたかった。「世界が何やねん」みたいなことです。それってムチャクチャ大事なんです。世界の戦いの土俵に乗るって、そういうことなんです。

土俵に乗る前に負けている人は、いっぱいいます。力があっても、乗れない選手はたくさんいるし、乗せられないコーチもたくさんいます。

いつも一歩先を歩いていたい

わたしはこれから指導者を育てたいと思っています。

そのためには、わたしが最先端の指導力を持った人でなければいけない。レアものの眼力を持っている人でなければいけない。自分は絶対に「世界がどうなっているか」をわかっていないといけないんです。

評論家は絶対にダメです。「あんた、それは古い」と言うだけなら簡単です。でも、そう言ったら「新しいものを持って来てください」と言われるでしょ。そのときに新しいものを持って来られる人でありたいと思っています。解決策、あるいは一条の光ぐらいは提示できるようにはなりたい。

わたしは、長い間自分のクラブを留守にしていて、申し訳ないという気持ちがあります。クラブにはがんばっているコーチたちがいる。だから、その人たちの役に立ちたい。まだ、世界の目は持っています。まだ、ちょっとやれるだけの体力はあります。だから、もう一歩先を歩きたい。今ある世界の一歩先の策を持っている人、手腕を持っている人、そんな人がコーチを指導しないといけないと思っているんです。

若い子は、わたしよりも体力があります。だから、体力が必要な部分は若いコーチに任せて、わたしにしかできないところをやっていきたい。わたしはいつも、そういう人生を歩んできました。わたしにしかできないところを探してきました。

世界の最先端をキャッチするため、アンテナを張っていたい。今の自分に満足しないでいたい。毎日毎日、世界は変わっています。そこから影響を受けている自分でなければ、ダメなんです。

シンクロは表現のスポーツです。表現は、モロに世界情勢の影響を受けます。だから面白いのは、世界がエコ（環境）に向かっているときは、自然環境に関するテーマが受け入れられる。「地球を守ろう」とかね。どこかで戦争が起きていたら、平和がテーマになる。世界的な不況だったら、人々は何を見たいだろうって考える。不況だから、逆に楽しいことを見たくなると思います。

その上で世界一のテクニックを追いかける。二〇〇八年の世界一のテクニックはもう過去のものです。二〇〇九年は進化している。その進化の先を読めなければいけないんです。

わたしは、自分のクラブを変えることが、ひいては日本を変えることやと思っています。まずは強い選手をつくること、指導者をつくることです。それが今の自分にできる、日本のチェンジのさせ方です。

あとはコーチの環境です。少なくともナショナルチームのコーチたちは、それで最低限の生活ができるようになってほしい。

中国に行って、まず思ったのは、「日本のコーチは偉い」ということです。何から何までちがいます。じつは、日本のコーチの一番目の仕事は、練習場所の確保なんです。中国には各種目専用の練習場所が必ずありました。練習場所ぐらいは、国が確保してほしいですね。ナショナルトレーニングセンターはともかく、まず練習プールを確保してほしい。

いくら練習環境が厳しくても、オリンピックでその分を割り引いてくれるわけではない。戦いの土俵は一緒なんですから。

12章——————

子どもに損をさせてませんか？

義務教育は嫌いなことに出合う場所

国の未来は一にも二にも教育にかかっている。コーチはいい選手をつくり、教師が明るい子どもたちを育てていく。そして親は子どもの人格と夢を形づくる。井村雅代は言う。「みんなで〝夢見る夢子ちゃん〟を大事にしよう」と。教師、親へ、メッセージを送る。

学校の先生や指導者、お父さん、お母さん、みんなゴールが見えていない。ゴールを提示できない。だから子どもたちが不安になる。

それは、先生や指導者、親が悪い。前に立つ人間が悪いねん。「おまえらがんばれ！」だけじゃなくて、どうがんばるか言わなアカンでしょ。

ひと昔前だったら、いい学校に入って、いい会社に進んで、そこで一生勤めて、定年後に年金もらってという方程式があった。でも今はそれが崩れています。

まず日本がおかしくなったきっかけは、幼稚園の子までつかまえて、「個性の尊重」とか言い出したことじゃないですか。「自主性の尊重」とかも言っていた。自主性の尊重？　個性の尊重？　何言うてんねん。幼稚園や小学生の子に自主性や個性なんてあるかいな。

義務教育って、文字通り、義務の教育です。国民の義務なんです。今の親たちは、学校は自分の子どもに合ったもの、好きなものと出合うところやと思ってはる。でもそうじゃない。義務教育だから、自分にとって好きなことにも嫌いなことにも出合う場所なんです。

好きなことだけでなく、嫌いなことにも向き合わないといけない。「食わず嫌い」という言葉がありますよね。嫌いやと思っていたけれど、実際にやってみたら面白かったってこと。そういうこともあるわけですから、義務教育の間は、ある程度は強制力が働かないとダメなんです。

学校にはちゃんと行って、嫌でも四十五分とか五十分とか座って、先生の話を聞かないといけない。覚えろと言われたら覚えて、テストやと言われたら、できるだけ覚えて点数とらなアカンのです。宿題だってやらないとアカン。やっている内に好きになるかもしれない。もちろん嫌いになることもある。そんな経験をする場所、させてくれる場所が義務教育なんです。

これからの子どもの長い人生で、自分がどういう方向に進んでいくのか、好きなことばっかりやってて決まりますかいな。嫌いなこともやることで、スポーツ系が好きとか、芸術系が好きとか、理科系が好きとか、あるいはコンピューターの前に座るのが好きとか、初めて知ることができるでしょ。

親たちは勘ちがいしちゃダメ。子どもが嫌いなことを避けたら、本来なら怒らなアカンでしょ。それなのに「学校のやり方が悪い」「先生の教え方が悪い」ばっかし言う。嫌いなことでも最後まで全うさせせんかいって。

今は不登校の子がいるじゃないですか。わたしはそんな子に「学校に行かないと損や で」と言ってあげたい。いろんな経験をさせてくれるんや。家にこもっている場合じゃない。もったいない。

学校のあり方もやけど、家庭のあり方にも問題があるんじゃないのかな。

「甘やかしている」のではなく「損をさせている」

高校も大学も義務教育ではない。そう考えて通っている子が何人いますか？　みんなが行くから行くなんてしょうもないやろ。

わたしらの時代は、中学卒業が節目でした。中学を出て、働く子がたくさんいました。中学卒業、高校卒業と、節目ごとに自分の人生を考えたんです。今はあまり考えない。気がつきゃ、大学の四年生まで来ている感じでしょう。

わたしは長い間シンクロのコーチをしてきたけれど、本当にその子がシンクロを大切に思って、「わたしはまだがんばんねん」と言えるのは、社会人になってからでしょ。正直、わたしは大学生までは子どもを信用していません。流されて、シンクロをやっているだけや。

大学を卒業したとき、就職する子がいる。専門のところに行く子もいれば、それこそ結婚する子もいる。そのなかで「わたしはシンクロを選択します」と言えれば、本物やと思います。

それまでは全部ダメです。自分にとって、シンクロがどれだけ大切なものか、まだわかっていない。今は「人生、賭けるぞ」と言えるのは、やっぱり二十二歳、二十三歳になってからやね。

今の親は、子どもを「甘やかしている」んじゃない。「損させている」んです。まず、そこをわからなアカン。

そうやって子どもに損をさせているから、いろんなひずみが出てきているんです。たとえ子どもが先生を嫌いでも、授業は全部やらせなアカンの。

世の中に出たら、いいことも悪いこともいろいろなことがあります。学校はそれを経験する場所なんです。でも、親は「学校は楽しくていいところ」「楽しい授業ができん先生が悪い」と言う。何考えているのや。

親の言いなりにならず、「先生もしっかりしなさい」という感じです。

シンクロでも、子どもたちが嫌いな練習をちゃんとやらせます。逆に、好きでもやらせないことがある。「わたし、ソロ好きやからやらせてください」と来ても、「あなた、ソロをすることが、マイナスになることもあるから」とやらせないこともあります。当たり前じゃないですか。好きなことばかりはさせません。

例えば、体育の授業が嫌いな子のなかで、服を着替えるのも嫌いやという子もいる。

でも体育の時間やから、ふだんの服ではアカンのよ。体育にふさわしい服装があるんです。それを小さな子どもに教えていくことも大切なんです。

だって、寝るときにスーツを着たらダメじゃないですか。健康のため、寝るときにはリラックスできる寝間着があるんです。それぞれに適した身なりがあるということを、体育を通じて教えていくんです。だから、絶対に着替えない子には、強制してでも覚えさせなアカンのです。

そんなこともできない先生が増えていますし、先生がそうすることを応援してくれない親も増えています。

親の力には勝てない

巷《ちまた》では自殺する子どもが増えている。二〇〇九年一月某日、福岡では中学校一年の男子生徒が担任の男子教諭から体罰を受け、飛び降り自殺した。

いやな事件です。わたしに言わせたら、この子をたたいたらどうなるか考えもしなかった先生が悪い。死を選ぶまでは行かなくても、学校に来なくなるんじゃないかとか、そういうサインが絶対にあるはずなんです。それを感じないで、そういう指導をする先生は、指導者として失格です。

前にも言いましたが、シンクロのクラブでも、本当に帰りそうな子に「嫌やったら帰れ!」と言ったらアカンのです。「先生、すいません。もう一回だけやらせてください。次はがんばります」という子に「帰れ」と言うのです。

要は、その子をちゃんと観察しているかどうかです。子どもを見ず、自分の指導方針をバーンと押しつけてもうまくいくわけがない。観察した上でやらせる。それが学校の役割だと思うんです。

教育に対しては、抜本的な改革が必要だと思います。だって、何にも苦労したことのない人が親や先生になっているんだもん。

やはり家庭が一番大事だと思います。シンクロでも、自分たちのコーチの微力さが嫌になることがたくさんあります。親の力には勝てない。どれだけ長い間練習しても、これだけしか影響力がないのかって悲しくなるときがあります。親はそれだけ大きな影響力を持っているんです。

子どもがいいときは、親は引っ込んでいてください

シンクロを指導する際、親の影響力を感じることは多い。小学生の立花美哉を引き受けたのは、母親の熱意に打たれたからだった。「どうしても井村さんの指導を娘に受けさせたい」と言われたのだ。

美哉のお母さんは、わたしに預けなかったら後悔する、と思ったんですね。家からわたしのクラブまでは遠かった。ひどいときには、片道二時間半ぐらいかかるんです。入りたいと言われたとき、わたしはお母さんに「遠いですよ。今わたしのところに通う価値はあるのですか。通うのに体力的な問題もありますよ」と聞きました。そうしたら「距離じゃありません」とはっきり言われました。「望んだ指導者のところに行くことが大事なんです」って。

わたしは親も見ます。親に熱意がないと、子どもも続かない。美哉がうちに来たのはあの子の熱意じゃない。親の熱意です。

家庭はムチャクチャ大事です。親からものすごく影響を受ける。あのときの美哉の親はぶれていなかった。「井村先生に預ける」って。

美哉がうちに来たとき、ものすごく下手でしたもん。ちゃんと泳げないくらい。ただ手足は長かった。

親は何もできません。子どもに代わって泳いだりできないし、足を上げてやるわけにはいかない。でも親にしかできないこともあります。それはわたしらの見えないところの健康管理です。子どもを引き受けるとき、「ちゃんと食事をさせてください。健康を見守ってやってください。お願いします」と親に言います。

そして、「水着にスパンコールをつけてやってください」「心を込めて子どもの戦闘服をつくってやってください」と言います。

あと、「大変申し訳ないけれど、子どもがいいときは引っ込んでいてください。後ろに下がっていてください。子どもが寝たあと、お父さんとお母さんで『わたしらの子は大した子や』と自慢してください」とも言います。

スポーツ界では、親が出てくる選手が多いけれど、うちのクラブの親は出てきません。出てきたら、わたし、怒るもの。

親には「子どもには必ずいいときもあれば、つらいときもあります。つらいときは、子どもに『つらいのはフツーのことなんだよ』って言ってあげてください」とお願いしています。

子どもが落ち込んだとき、親は「苦しいとき、嫌なときは、だれにでもあるんだよ」と教えるべきなんです。例えば「お父さんだって、会社に行くのが嫌なときがあるんだ。でも家族のために行っているよ」って。

苦しいときにこそ、親には登場してもらいたい。いいときは離れていて、つらいときに出てきてほしい。でも世の中、逆が多いでしょ。

学校で子どもが苦しいとき、親が一緒になって先生に文句を言う。「そうじゃないでしょ」と言いたい。父親は子どもにこう言ってほしい。「おれだって嫌だけど会社に行っている。だから学校が嫌でも勉強しろ」って。

親は、自分の弱みを見せたらアカンと勘ちがいしている。「苦しい」と言う親は弱い親みたいに勘ちがいしている。でもそれはちがう。人間には必ず苦しいときがある。それを乗り越えていくのが人生なんだ。親が人生教えなくて、どうするの。

子どもは言わなきゃわからない

親がやることはたくさんあります。健康管理のほか、子どもの生活習慣をちゃんとつくることも重要です。

わたしが信じられへんのは、夜遅くまで、子どもが遊んでいても、親が黙っていることです。「自分の子どもは元気でいてくれさえすればいい」と言う親がいますが、それはちがうやろ、と思います。何をしても元気ならいいはないやろ。

悪いことをしたら、怒ればいいんです。常識としてダメなことしたら、ダメやと言えばいい。夜中に中学生や高校生が街をうろうろするのは、おかしいもん。

子どもはすぐに「誰々もやっている」と言います。「その誰々がおかしいんだから、おかしい人のマネするな。いいことのマネしなさい」となんで言わんのや。

シンクロの子どもにしても、遠征なんかでとんでもない格好をしてくる子がいます。

わたしは「わたしと一緒に行動するときはやめてくれる」「わたしはそんな格好、嫌いなんだ」とはっきり言います。

例えば、プール開きのイベントのときに、ジーンズをはいてくる子がいます。いくら小学生や中学生でも、それはアカンでしょ。大人がネクタイ締めて胸に花をつけてくるところにジーンズとTシャツだなんて。「なんやそれ」って、ちゃんと教えなダメ。

美哉も小さい頃「ジーパンはダメなんですか？」とよく聞いてきました。ダメや。スラックスとかパンタロンとかスカートをはかなアカンのです。そうやってTPOを覚えていくんです。

子どもは言わなきゃわかりません。ちゃんと教えていかないとダメです。親が言わないと、先生が言わないと、その子は勘ちがいしてしまう。長く生きている人が、まだあんまり長く生きていない子に対して教えないといけないんです。

なんで人生経験のない子どもに、みんなが気を使うの？　すっごく不思議です。日本の教育自体が変になってきたんでしょうね。

ある学校で、親が先生に「うちの子には〝いただきます〟って言わさないでください」と言ってきたそうです。

それを了承した校長先生がいる。バカじゃないの。「いただきます」の意味がちゃんとあるんだから、教えてあげなアカン。

東京でも「給食後の五時間目の体育はやめてくれ」と親が言ったという話があります。「おなかがいっぱいになって、集中力が散漫になってケガが多くなるから」って。それで本当にやめた学校がある。ビックリしました。集中力がなくなるから、体を動かすんです。そんな要望を聞く校長がおかしい。だから、なんでも言いたい放題のクレーマーになるわけです。

先生を十把一絡《じっぱひとから》げに扱うな

井村は大阪府で中学校の体育教師を経て、シンクロのコーチとなった。一九九六年から二〇〇八年までは大阪府教育委員を務めた。橋下徹《はしもととおる》知事と意見が対立したこともある。

学校教育は現場の先生がすべてやと思っています。だから、現場の先生がやる気になって、子どもたちをよくしてやろうという気持ちになる環境にしてやらなアカンのじゃないでしょうか。ところが、橋下さんは、現場の先生の気持ちを全然聞いていない。現場にはがんばっている先生がたくさんいます。その先生たちがもっとやる気になる環境をつくる。その代わり、ダメな先生はダメでどうするかを考える。子どもは先生を選べないから、ダメな先生は排除しないとダメでしょう。

橋下さんみたいに「十把一絡げ」にするのではなく、がんばっている先生がもっとがんばれるようにしてあげないと。大阪には、お金はないけれど心はあると言いたい。あったかい心や言葉があるやろ。それを、みんなまとめて「学校の先生は何をしとるんや」はないやろうと思います。

排除すべき先生というのは、子どもが暴れていても指導する気のない先生、気力のない先生です。子どもに先生を選ぶ権利はないからね。そんな人は子どもの前に立ったらダメです。それと、人間嫌いなくせに先生をしている人もいらんでしょ。人間好きな人が先生になりなさいって。子どもたちは、先生とは運命で出会うものです。先生によって、人生が変わるわけです。「人生なんて最悪よ」と思わせる先生は、子どもの前に立ったらダメでしょ。

先生は人間教育がすべてです。だれが、日本を活性化し、生き生きさせるかといったら、人間です。だから、先生ってすごい仕事なんです。

もちろん、政治の力で、上からバカーンといかないといけないときもある。

子どもの体力が落ちていると、よく言いますよね。で、クラブの子に「体育の時間、何しているの?」と聞いたら、「ストレッチしてます」と言う。びっくりしました。中学生はストレッチしなくてもからだは十分やわらかいのに。「体育、どうやって始まんの?」と聞いたら「運動場を歩いて、ストレッチして、それからやっと始まる」って。そんなのわたしたちの運動です。子どもは走んなさいって。

もし、本当に子どもの体力が落ちているのが心配なら、文科省（文部科学省）から、例えば「体育の授業は毎回腕立て伏せ何十回、腹筋何十回やらせなさい」と通達してほしいわ。それが国や政治の役割でしょう。何もせんと「子どもたちの体力が落ちてきた」と批判するのはちがうと思う。学校の体育の授業がどうなっているのか、もうちょっと突っ込んでほしい。

自信のない子の顔が変わっていくのを見るのが、コーチのやりがい

日本の教育の問題を解決するには、政治が抜本的な改革をやらなくちゃダメだと思います。上が何もせんから、現場が混乱しているんです。

わたしが体育教師だったときには、こういうことをやりました。

冬になると、授業で持久走があります。持久走だと走るのが嫌で、必ず親に「風邪で走れません」と書いてもらう子が出てくる。女子生徒だったら、「病気で走れません」って。

で、わたしがどうしたかというと、冬の体育のウォーミングアップは毎日、持久走にしました。「体育を始めましょう」と言うたら、女の子でも千メートルを走らせました。風邪を二カ月間、引いている人はいないから、結局、走ることになります。もし二カ月間も風邪を引いていたら、親を呼び出して、「どんな健康管理してんねん」という話になります。子どもは病気になるのをあきらめます。そのうち、子どもも「嫌」を通りすぎて「快感」に変わります。

出席表に、毎日タイムを記録していきます。で、「おっ、一秒縮んだ」みたいに教え

てあげる。タイムが縮んだら、出席表にマルしてあげる。マルがない子は寂しいから、みんな速くなっていきます。たまに持久走をするから、みんな風邪を引くんです。毎日、準備体操に持久走をしてみい、みんな元気になるよ。

わたしはもう、ムチャクチャやりました。

全員、跳び箱を三段跳ばしました。跳べない子は放課後もやらせました。ケガなんて怖くない。命を落としたらアカンけれど、ケガは仕方ない。ケガが怖かったら、道も歩かんほうがいいよ。だって、上からなんか落ちてくるかもしれないでしょ。

親はすぐ「ケガしたらどうするんですか」と言います。でも、最善の注意をしてケガをしたら、仕方ないでしょ。逆に「お母さん、カルシウム、足らんのとちがいます?」と言えばいい。

わたしが教えたかったのは、「逃げないこと」です。跳び箱も、十段跳べる子には十段跳ばしました。あんまり跳べない子には三段を跳ばす。十段でも三段でも向かっていくことが大事なんです。跳べなかった子が三段の跳び箱を跳んでうれしそうな顔をする。それが貴重なんです。

わたしは物事から逃げている子を、絶対にそのままで終わらせない。わたしの指導の幸せは、「あっ。わたしもできるやん」と言わすことなんです。

わたしは長い間、シンクロのコーチをやってきたので、「やりがいはオリンピックのメダルですか」とよく聞かれるけれど、じつはそうではありません。できないとあきらめている子が「できるやん」と言うこと、自信のない子が、自信のあるような顔に変わっていくのを見ることがやりがいなんです。

「あっ。できた」という小さな声を耳にしたら、ムチャクチャうれしい。口には出さんけれど、「ほら。見てみい」という感じですね。

肝は人づくりです。人間って嫌なことは避けて通りたい。でも避けて通るんじゃない。隣の子ができたんだから、あなたもできるということを、経験させることなんです。

リーダーが守らないとアカン

先生の中には、親の批判がくることにおびえている人がたくさんいます。わたしの教師時代に比べたら、保護者がずいぶんうるさくなってきました。そこは、保護者の批判を受けて立つ学校の管理職の役割が大事になるでしょ。

　学校では校長先生がしっかりしないといけない。学校で校長先生ががんばるためには教育委員会がサポートしてあげないといけない。

　人間は、ひとりでできることには限界がある。でも、「がんばれ。やれ」と言ってくれる人がついていると思うだけで力になる。わたしが勤めていた学校の校長は、「オマエら、生徒に手をあげるな。殴りたい生徒がいたら、校長室に連れてこい。ぼくが叩いたる」と言ってくれました。

　校長先生は一家の主《あるじ》です。学校の先生が力を出すためには、一家の主である校長先生ががんばらないと無理です。物事に賛成と反対があるのは当然です。親からの反対の声を、主が受けて立つんです。

　日本は、その主――リーダーがちゃんとしていない。リーダーが下の人をかばって守らないといけないときに、知らんぷりをする。それはないでしょ。

　親も先生も「夢見る夢子さん」をつくってほしい。そのためには、大人が夢を語らなくてはいけない。「人生って苦しいこともあるけれど、楽しいこともいっぱいあるよ」と、夢を語るんです。いまの大人は、生活に疲れて夢を語っていない。「越えなければいけないことはたくさんあるけれど、夢を見続けていれば、少しずつ夢に近づいていくよ」と語ってほしい。

ネガティブな大人が増えてますよね。「目標に向かってがんばれ」と子どもに言っておきながら、「でもオマエ、それで将来生活できるの？」と夢をへし折ることも言う。

大人も夢を持っているけれど、苦しいことも多いし、むなしいこともある。でも、夢を持つこと自体がすごいんです。本心から「夢を言ってごらん。絶対に叶うよ。毎日、少しずつ近づいていってごらん」と、本気で口に出せる元気な大人になるのが大事なんです。

敵は妥協する己にあり

二〇〇九年年明け、井村にはこんなステキなことがあった。大阪の青年会議所から金属のカプセルをもらった。中には一通の手紙。何かと思ったら、十年前、二〇〇八年大阪五輪招致活動の一環として井村が書いた、「夢宣言　ぼくたち、わたしたちの夢宣言

文　自分との約束、10年間絶対に守ろうね！」だった。
大阪は五輪招致に失敗した。でも手紙の自分の文字が懐かしかった。びりびりと一気に封を破った。「大阪にオリンピックがきたら、必ず自分のクラブの選手を泳がせたい。みんなを元気付けられる人になっていたい」と書いてあった。

びっくりしました。大阪にオリンピックは来なかったけれど、自分の夢はだいたい叶っているように思います。

今、十年後の自分に手紙を書くとしたら、なんて書くかな。シンクロに関して言うと、日本のシンクロが世界の頂点で戦っていて、そこにわたしもいたいって書くかな。

じつはわたし、東京五輪招致委員会の石原さん（慎太郎＝東京都知事）に、「是非、東京にオリンピックを持ってきてくれ」と、手紙を書いたんです。自分の思っていることを伝えなかったらあとで後悔すると思って、手紙を出しました。

わたしが北京にいて感じたのは、中国のみんながオリンピックに向かって、同じ夢を見ていたことです。貧しい人も金持ちも、みんながオリンピックを夢見ていた。すごく心地よい風でした。だから東京にもオリンピックを持ってきてほしい。

国民が同じ夢を持つことは大事です。日本には今そういう夢がない。東京にオリンピックが来れば、みんなそこに何らかの夢を抱き、同じ方向に向かっていける気がするんです。立場のちがう人々が同じ夢を見られる。日本が夢見る夢子ちゃんでいっぱいになってほしいと思ったんです。

親も先生も国も夢を持てば、子どもも夢を持ちます。

ただ、親や先生は、子どもに現実も教えてほしい。うまくいかないことがあることを教えてあげてほしい。

親の中には、子どもに嫌なところは見せずに、守ってやることが大事やと思っている人がいる。でも、それは勘ちがいです。

子どもが歩くとき、道に石があったら、「石があるから気をつけて歩きなさい」と言えばいい。なのに、黙ってその石をとってしまう親がいる。子どもは、石があったことすら気がつかない。でも、それはちがうと思います。子どもには、苦しいことを乗り越えることも教える。平坦な道ばかりが続くわけじゃないですから。

そして親や先生は、子どもに向き合うときには、本当にその子のことを考えて、「あなたには可能性が絶対あるんだ」ということを伝えてほしい。どんな子どもでも、すごい可能性を秘めている。だから、「自分の可能性を信じよう」と本気で言ってほしい。

井村の座右の銘は「敵は己の妥協にあり」である。

わたしは戦っています。選手と戦い、世界と戦っています。でも、最終的には自分と戦っているんです。

一生懸命やってもできない子には「もういいよ」と言いたいときもある。でも、そこで自分に妥協してはいけない。「できてナンボや」と教える。

わたしは本当に人間の力を信じています。人間、求めたら絶対に来る。求めたら子どもは絶対に来ます。

だから、自分に妥協するな。自分の可能性を信じて夢を捨てるな。そうすれば、いつか「夢見る夢子さん」で日本がいっぱいになるはずです。

あとがき

冬のある日の朝。

大阪府大阪狭山市の狭山池公園、井村雅代さんが池の周りを散歩する。冷たい風の中、バーニーズ犬の愛犬サブも一緒だった。

サブが駆ければ、井村さんも駆け出していく。どこを歩くのですかと問われれば、井村さんは笑った。

「サブの行きたいところ」

吐く息は白い。小粒の氷雨《ひさめ》が落ちてきた。サブが止まる。濡れながら、井村さんも立ち止まった。池を凝視する。

何かと思えば、池には十羽のカモがすいすーいと泳いでいた。ほぼ等間隔に並び、二等辺三角形の隊列をつくっている。

「カモでも、こんなきれいに泳ぐのだ。なんで人間ができんのやろ」

真顔である。いつもシンクロナイズドスイミングのことを考えているのだろう。

池をよく見ると、一羽のカモが隊列から離れていた。刹那、冗談っぽく言った。

「ほら、並ばんかいな。並ばんかったら、叱らなアカン」

もう笑うしかない。井村さんは根っからの指導者なのだ。相手がどうであろうと、やる気があれば、とことんつき合う。相手が変わるまで、離れないのだった。

散歩の途中、井村さんと雑談する。著書『愛があるなら叱りなさい』（幻冬舎）のタイトルに触れ、「やっぱり愛情があるなら、叱るべきですか」と聞いた。

「いや真剣勝負ですから。愛情というか、本人のことを心底思うなら、叱りなさい、や」

もちろん叱るだけではない。メディアは叱る場面ばかりをクローズアップするけれども、じつは選手を観察し、接し方を変え、叱り方も工夫していく。そして次に直す方法を教え、さらには、それでいいかどうかも伝える。

これぞ、「井村流、叱る三点セット」である。そんなことを聞いていたら、もっと井村さんの話を聞きたくなった。

北京五輪に遡る。

シンクロナイズドスイミングも取材した。焦点は日本と中国の争いだった。中国チームのヘッドコーチが井村さんだった。

井村さんは、日本シンクロ委員長（当時）の金子正子さんの下で日本チームを牽引してきた。でも国内の批判や中傷を振り切って、二〇〇七年、中国に渡った。

北京五輪の最中、井村さんにも話を聞いた。印象的だったのは、デュエットで四位に終わり、メダルを逃した演技のあとのインタビューだった。日本が三位。

「自分自身が本当に許せない」

演技をミスした選手を責めず、井村さんは自分の指導不足を嘆いた。さらには冷静に演技や採点を振り返った。

「得点がパワー、勢いに対して出る傾向がある。チームの演技ではこれを強調する。長くてきれいな手足をよりアピールしたい」

そんなことを言った。どんな状況に置かれようと、「もうひとり、冷静な自分」を持っている。勝負師としてのすご味を感じた。

本書のインタビューで明らかになった通り、五輪直前には中国選手が「水ぼうそう」にかかるハプニングも起きていた。

いくつかの大きなピンチを乗り越え、チームでは公約通りのメダルを獲得した。

決してあきらめないド根性、ピンチをチャンスに変える勝負魂、仕事を全うしようとする使命感……。どうしたって、「今を生きる」ための覚悟を感じるのだった。

本物だから、言葉にも力がある。声のエネルギーは波乱の人生ゆえである。シンクロやスポーツに限らず、社会全般にも通じる話があふれる。示唆に富む。

井村さんの言葉を、迷える指導者や教師、お母さん、お父さんたちに伝えたい。そんな思いが日ごとに膨らみ、ついに二〇〇八年の年の瀬から二〇〇九年の早春まで拙い質問をくり返すことになったのだ。

井村さん、元気をもらいました。スポーツ・ビズの川井秀治さん、光文社の三宅貴久さんにもお世話になった。みなさん、ありがとうございました。

二〇〇九年四月

松瀬学

本書は、２００９年5月に光文社から刊行された同タイトルの作品を加筆・修正し、文庫化したものです。

知恵の森
KOBUNSHA

あなたが変《か》わるまで、わたしはあきらめない
努力《どりょく》する心《こころ》の育《そだ》て方《かた》

著　者――井村雅代（いむら まさよ）　松瀬 学（まつせ まなぶ）

2012年　6月20日　初版1刷発行
2015年　11月30日　　3刷発行

発行者――駒井　稔
組　版――萩原印刷
印刷所――萩原印刷
製本所――ナショナル製本
発行所――株式会社光文社
東京都文京区音羽1-16-6 〒112-8011
電　話――編集部(03)5395-8282
書籍販売部(03)5395-8116
業務部(03)5395-8125
メール――chie@kobunsha.com

ISBN978-4-334-78605-2　Printed in Japan